SETE NECESSIDADES BÁSICAS DA CRIANÇA

JOHN DRESCHER

SETE NECESSIDADES BÁSICAS DA CRIANÇA

Traduzido por NEYD SIQUEIRA

Terceira edição

Copyright © 2012 por Herald Press
Publicado originalmente por Herald Press, Harrisonburg, Virginia, EUA.

Os textos das referências bíblicas foram extraídos da versão *Nova Versão Internacional* (NVI), da Bíblica, Inc., salvo indicação específica.

Todos os direitos reservados e protegidos pela Lei 9.610, de 19/02/1998.

É expressamente proibida a reprodução total ou parcial deste livro, por quaisquer meios (eletrônicos, mecânicos, fotográficos, gravação e outros), sem prévia autorização, por escrito, da editora.

Dados Internacionais de Catalogação na Publicação (CIP)
(Câmara Brasileira do Livro, SP, Brasil)

Drescher, John M.

Sete necessidades básicas da criança: conhecendo os anseios da alma de meninos e meninas / John M. Drescher; traduzido por Neyd Siqueira. — 3. ed. — São Paulo: Mundo Cristão, 2013.

Título original: Seven Things Children Need, Third Edition
ISBN 978-85-7325-843-1

1. Criação de crianças 2. Necessidades (Psicologia) 3. Psicologia infantil I. Título.

12-13608 CDD-649.1

Índices para catálogo sistemático:
1. Crianças : Criação : Educação doméstica 649.1
2. Criação de crianças : Educação doméstica 649.1
Categoria: Educação

Publicado no Brasil com todos os direitos reservados por:
Editora Mundo Cristão
Rua Antônio Carlos Tacconi, 69, São Paulo, SP, Brasil,
CEP 04810-020
Telefone: (11) 2127-4147
www.mundocristao.com.br

3ª edição: março de 2013
8ª reimpressão: 2019

Aos pais de toda parte dos Estados Unidos e do Canadá que participaram de discussões que enriqueceram os conceitos partilhados neste livro.

Sumário

Prefácio   9
Introdução   13

1. As crianças precisam de um sentido de significado   17
2. As crianças precisam de segurança   34
3. As crianças precisam de aceitação   58
4. As crianças precisam amar e ser amadas   75
5. As crianças precisam de elogios   92
6. As crianças precisam de disciplina   105
7. As crianças precisam de Deus   119

Bibliografia   141

Prefácio

Davi entregou ao pai seu boletim. Enquanto este se mantinha silencioso, ainda em estado de choque, Davi perguntou: "Pai, você acha que essas notas são resultado da hereditariedade ou do ambiente?".

Muitos pais hoje não estão certos se os problemas de seus filhos são resultado do que herdaram ou aprenderam de seus pais, ou das pressões e dos padrões produzidos pela sociedade.

Os pais norte-americanos são os que mais consomem livros em todo o mundo sobre o cuidado dos filhos. Todavia, muitos pais sentem-se desanimados e ficam se perguntando o que ou quem é responsável pelo comportamento da criança.

Criar filhos nunca foi tarefa fácil e hoje tudo piorou. O mundo parece estar girando cada vez mais rapidamente.

Uma avalanche de novos conhecimentos se precipita sobre ele.

Os filhos estão crescendo em circunstâncias muito diferentes daquelas experimentadas pelos pais. A nova geração tem de competir a todo custo, enfrentando pressões mais poderosas do grupo e tensão emocional intensa.

Isso significa que bons pais são mais necessários do que nunca. Significa que moldar vidas exige tempo, tolerância, paciência, fé, abnegação, amor e trabalho.

Nada, porém, é mais compensador do que observar uma criança seguindo em direção à maturidade e independência. Jamais teremos uma oportunidade maior do que essa de ajudar os filhos a se tornarem pessoas que aceitam a responsabilidade e uma vida reta.

Ao tomar consciência da enorme tarefa que é criar filhos, podemos ficar paralisados pelo medo ou sentir-nos fortalecidos pela fé. Vamos sentir-nos vencidos pelos perigos e problemas ou desafiados por possibilidades e potencial.

De acordo com o que ouvimos dos psicólogos, por meio de estudos feitos, do bom-senso e do autoconhecimento, concluímos que cada criança tem certas necessidades básicas. Os adultos possuem também essas mesmas necessidades, qualquer que seja a sua idade. Todavia, os capítulos que se seguem indicam que a satisfação dessas necessidades é de suprema importância nos primeiros anos, quando são moldadas as atitudes e abordagens para com a vida. Se tais necessidades não forem satisfeitas bem cedo, a criança ficará perturbada e buscará satisfação em direções erradas e por vezes prejudiciais.

O psiquiatra Karl Menninger afirma que seguimos em uma dessas duas direções se nossas necessidades básicas não forem satisfeitas. Retiramo-nos e concentramo-nos em nós mesmos, o que ele descreve como *reação de fuga*. Ou desenvolvemos a *reação de conflito*, tornando-nos agressores dos demais.

Este pequeno volume discute sete das necessidades mais básicas da criança em crescimento (assim como as de todos nós por meio da vida).

O conteúdo dos capítulos que se seguem começou como pequenas palestras de dez minutos cada, precedendo discussões mais prolongadas de vários assuntos. Com o passar dos anos elas foram desenvolvidas por meio de leituras e observações. A forma final foi elaborada após um encontro com trinta pais, em que a ideia foi discutida e debatida.

Sou grato a uma grande variedade de pessoas, livros e artigos; alguns deles estão citados na bibliografia, mas há muitos que eu já não me recordo.

Desde a primeira edição deste livro em 1985, o mundo e a família mudaram radicalmente. Existe uma quantidade imensa de livros e outros recursos relacionados à família disponíveis hoje. Muitas famílias recém-formadas estão levando o assunto a sério. Há diversos serviços e agências empenhadas em auxiliar famílias.

Sabemos também que o divórcio, os lares de pais solteiros e as famílias mistas têm se multiplicado. Existem poucas famílias, se é que elas existem, que não sofreram de alguma maneira essas influências. A violência e o abuso invadiram nossa cultura, enquanto o esporte e o entretenimento se mostram cada vez mais bárbaros. O termo "estresse" é tão comum que alunos da pré-escola já falam em estar "estressados". Até o final do ensino médio muitos já haviam buscado ajuda profissional para tratar a ansiedade.

Foi feito um esforço sincero em prol de apresentar um livro prático, pessoal e simples, que servisse de apoio para as famílias, grupos de debate, aulas na igreja, encontros de famílias e outros. Foram utilizados inúmeros subtítulos a fim de facilitar a leitura e referência. No final de cada capítulo foram incluídas perguntas como um estímulo à discussão dos vários temas.

Este livro está sendo publicado com a oração sincera de que possa prestar auxílio a muitos pais na difícil, mas compensadora, responsabilidade de satisfazer melhor as necessidades básicas de seus filhos.

John M. Drescher
Quakertown, Pensilvânia
Prefácio atualizado, fevereiro de 2012

Introdução

Trabalhamos durante muitos anos como uma equipe profissional, ao mesmo tempo em que desempenhamos nosso papel de pais e avós praticantes. Quando o livro *Sete necessidades básicas da criança* chegou, nós o lemos, conversamos sobre ele e escrevemos em conjunto esta introdução.

Este livro é gostoso de ler e estamos certos de que muitos pais tirarão proveito dele. O autor conhece bem os conceitos básicos do desenvolvimento infantil. Ele selecionou cuidadosamente seu material, a fim de dar ao leitor uma ideia do que é geralmente aceito, sem detalhes enfadonhos.

O tratamento dado às necessidades das crianças é exposto em termos emocionais e espirituais. Numa época em que as necessidades são consideradas tantas vezes como "coisas", esta é uma ênfase muito positiva.

As fontes de autoridade foram bem equilibradas. O autor claramente considera os pais, os poetas e as pessoas de experiência prática, tais como juízes, assim como os profissionais em desenvolvimento infantil, tendo percepção quanto às necessidades das crianças. Ele também compartilha de sua grande experiência pessoal de maneira proveitosa.

Cada um dos temas abordados nos capítulos se projeta por todo o livro. A disciplina, por exemplo, embora constitua um capítulo, é igualmente o foco de outros assuntos relevantes.

Apesar de o livro ocupar-se principalmente de crianças, ele não se concentra tanto na criança como na pessoa. As crianças são vistas como parte da constelação maior da família em seu mundo.

O uso de um anedotário considerável faz que o leitor pense: "Ele está falando comigo!". Esse talvez seja um dos resultados úteis de o material ter sido preparado em conjunto com grupos de pais, sendo, portanto, realista e sem exigir demasiado deles.

John Drescher espera evidentemente que seus leitores se comuniquem com ele. No final de cada capítulo foram introduzidas perguntas e assuntos para novas discussões. Os leitores que tirarem proveito das oportunidades para discutir e reagir às palavras do autor irão se beneficiar mais do livro. Você pode ir além da simples resposta às perguntas e fazer as próprias perguntas. Por exemplo:

- O autor está exigindo demasiado dos pais? Não exige o bastante?
- A arte de ser pai tem necessariamente de ser uma responsabilidade enfadonha?
- E a alegria que os filhos trazem aos pais?
- Como eu definiria o desafio de ser pai?

A editora deve ser cumprimentada por publicar um livro assim tão valioso e útil, que se ocupa da questão mais básica da sociedade humana — a qualidade de nossos filhos.

Evelyn M. Duvall, PhD
Sylvanus M. Duvall, PhD
Sarasota, Flórida

1
As crianças precisam de um sentido de significado

Ame o Senhor, o seu Deus,
    de todo o seu coração,
de toda a sua alma e com todas as suas forças.
    Que todas essas palavras que hoje lhe ordeno estejam
em seu coração.
    Ensine-as com persistência a seus filhos.
    Converse sobre elas quando estiver em casa,
        quando estiver andando pelo caminho,
        quando se deitar
        e quando se levantar.

                                    Deuteronômio 6.5-7

☙ ❧

Três crianças em idade pré-escolar brincavam juntas. Durante algum tempo a brincadeira manteve-se animada, com bastante interesse comum. A seguir, duas delas se afastaram, ignorando a terceira. Pouco depois, a que ficou sozinha gritou: "Estou aqui! Estou aqui! Vocês não estão me vendo?".

Embora a menininha não pudesse filosofar sobre a sua reação nem analisá-la psicologicamente, ou mesmo expressá-la de modo teológico, ela manifestou uma necessidade universal. Ela queria ser notada e reconhecida como uma pessoa de valor.

Um sentimento sadio de valor pessoal é básico. É praticamente impossível viver se sentirmos que não temos valor ou se não gostarmos de nós mesmos. O indivíduo que julga ser ninguém irá contribuir pouco para a vida. Isso precisa ser enfatizado neste ponto, porque o grande mal dos sentimentos de inferioridade começa cedo na vida. Os seres humanos necessitam ser notados, apreciados e amados como são, caso queiram ter um sentido de significado.

Certo dia um grupo de crianças do ensino fundamental foi conhecer uma leiteria. No final da visita o professor perguntou:

— Alguém quer fazer perguntas?

Uma mãozinha levantou-se:

— Você viu minha camisa nova?

A criança busca atenção assim. Se não for notada quando expressa o comportamento certo, ela poderá buscá-la derramando o leite, jogando coisas no chão ou de formas destrutivas. Alguém sugeriu muito bem: "Umas palmadas são preferíveis à indiferença".

A criança pode não comer adequadamente por ter aprendido que se ficar protelando, os pais irão preocupar-se com ela; e isso é agradável. Ignore suas táticas, e antes de muito tempo ela comerá normalmente de novo. A criança pode ter crises de raiva e estragar os brinquedos de outras só para chamar atenção. Outra pode gritar e berrar em lugares determinados a fim de ser o centro de interesse.

Se tal comportamento terminasse na infância, talvez pudéssemos suportá-lo e não nos preocupar com esses poucos e curtos anos. Mas o jovem que não adquiriu o sentido de significado corre em alta velocidade com o carro, deixando marcas de pneus na estrada, chama a atenção pelas suas roupas ou modo de falar, bem como de inúmeras outras maneiras.

Os adultos também chamam a atenção para si e desejam ser reconhecidos como pessoas, mas no geral de maneira menos visível, como mostrar algo que fizeram ou descrever algum lugar que visitaram. Os adultos procurarão dominar a conversa, vestir-se de modo chamativo, exigir cargos de liderança, ou empenhar-se como loucos para obter uma honraria ou diploma, merecido ou não.

Como essa necessidade básica de significado pode ser satisfeita na vida de uma criança? Algumas vezes começamos com suposições erradas.

Três suposições falsas

A primeira suposição falsa é a de que o relacionamento pai-filho tem prioridade sobre o relacionamento marido-mulher. O dr. Alfred A. Nesser, da Escola de Medicina da Universidade de Emory, adverte contra os lares orientados de acordo com a criança. "O elemento mais significativo na dissolução de casamentos duradouros talvez seja uma consequência de viver no século da criança", diz ele.

Os relacionamentos pai-filho têm sido enfatizados de tal forma por várias décadas que, por causa da criança, as prioridades marido-mulher são muitas vezes postas de lado com facilidade. Depois da chegada do primeiro filho, um verdadeiro teste tem lugar. Irá a mãe privar o marido de tempo e amor por causa do filho, ou continuará dando ao marido a prioridade? Nas palavras de um marido: "Eu tinha uma excelente esposa até que nosso primeiro filho nasceu. Depois Maria tornou-se mais mãe do que companheira".

É bom lembrar que o casamento é permanente enquanto a paternidade é passageira. Uma vez que o casamento começa e termina com duas pessoas, a preocupação maior é manter o relacionamento da melhor forma possível.

Quando isso acontece, o relacionamento com a criança tende a desenvolver-se de maneira satisfatória. Louis M. Terman escreve:

> Se a mulher não amar mais o marido do que os filhos, tanto os filhos como o casamento estão em perigo. Quando o marido tem a certeza de que o amor da esposa não diminuiu, ele no geral se dispõe a ajudar nos cuidados com os filhos e a fazer a sua parte nos trabalhos domésticos.

Nada é mais importante para a felicidade de uma criança, bem como para seu sentido de significado, do que o amor dos pais um pelo outro. Não existe nada de melhor para dar ao filho um sentido de significado do que permitir que ele observe e sinta a proximidade e dedicação de seu pai e sua mãe.

Os pais devem gastar mais tempo e esforçar-se mais para o desenvolvimento de suas personalidades e relacionamentos. Se os pais estiverem felizes, essa felicidade é transmitida à criança. Isso não resulta só em bom comportamento, mas num sentido de valor pessoal.

Os pais devem mostrar afeição e amor um pelo outro na frente dos filhos. O pai deve chamar a esposa pelo nome e não de "mãe". Deixe essa palavra para os filhos. "A falta de afeição entre os pais é a maior causa de delinquência que conheço", afirma o juiz Philip Gilliam.

Os pais devem gastar tempo e esforço extra cultivando seu relacionamento como marido e mulher. Quando os pais enriquecem sua vida conjugal, estão ao mesmo tempo enriquecendo a vida dos filhos, e eles podem sentir isso.

Uma segunda suposição falsa é a de que a criança tem o direito de ser o centro das atenções. Com frequência tudo é feito para beneficiar ou satisfazer os desejos da criança. O resultado são crianças egocêntricas. Se não conseguirem o que desejam, provavelmente irão reagir, rebelar-se ou fugir de casa. "O que posso ganhar?" em lugar de "O que posso dar?" torna-se um estilo de vida.

Jean Laird escreve:

> Quase todos nós queremos o amor de nossos filhos acima de tudo e sentimos que isso representa uma prova de que estamos sendo bons pais. No passado, a maioria dos pais desejava principalmente respeito por parte dos filhos, o que tornava as coisas bem mais fáceis. Eles não temiam desagradar momentaneamente os filhos ao reforçar a disciplina.
>
> Uma revolução psicológica está tendo agora lugar em nossos lares. Os pais sentem o peso de uma responsabilidade que provoca neles um sentimento

de culpa. Tomaram conhecimento do relacionamento emocional complexo que existe entre pai e filho e estão pensando em termos de causa e efeito psicológicos. Nós que somos pais fomos levados a crer que tudo o que dizemos e fazemos em relação a nossos filhos terá um efeito duradouro para o bem ou para o mal.

Como resultado, muitos dentre nós nos tornamos constrangidos, embaraçados, temerosos — a primeira geração de pais paralisados que estão permitindo que seus filhos tomem as rédeas.

As crianças não devem ser o centro, o ponto focal da família. O centro correto é o relacionamento marido-mulher.

Uma terceira suposição falsa é a de que a criança deve ser empurrada o mais rapidamente possível para o desempenho de papéis mais amadurecidos. Temos uma terrível dificuldade em permitir que as crianças sejam crianças. Aos três meses escolhemos brinquedos com que os pais gostam de brincar. As crianças de três anos ganham trens elétricos. Muitos triciclos ficam meses esperando um motorista que ainda usa fraldas. Vestimos as crianças de cinco anos de beca para receber o diploma da pré-escola. Um menininho declarou: "Tirei o diploma e ainda não sei ler".

As meninas que ainda preferem brincar com bonecas são levadas a cursos de dança. Nós frustramos os garotinhos quando arranjamos pares para eles no primário, fazemos que tenham cargos oficiais e os colocamos em comitês antes que saibam o que isso significa. Nós os vestimos como adultos. No futebol queremos que se desempenhem como profissionais antes que seus quadris cresçam o bastante para segurar o calção do uniforme ou que suas mãos possam segurar a bola. Nós os empurramos para a leitura quando ainda preferem amontoar blocos.

Por quê? Porque muitos pais querem realizar-se por meio dos filhos. Querem que os filhos experimentem e obtenham coisas que foram negadas a eles. Os filhos se tornam uma projeção do seu ego. Mas ao forçá-los a desempenhos prematuros, eles geram sentimentos de frustração e incompetência.

As quatro áreas principais em que se espera que os filhos excedam são a beleza, a inteligência, o esporte e os bens materiais. A criança constantemente pressionada para igualar-se, ser superior ou exceder nessas coisas, em lugar de ser ela mesma, sofrerá por isso. Os sentimentos de inferioridade, que surgem devido ao grande esforço para alcançar a superioridade, se desenvolvem rapidamente.

Forças destrutivas

Certo indivíduo lembra vivamente que toda vez em que havia visitas em sua casa quando era criança, os pais costumavam mostrar as fotografias de seu irmão mais velho. "Vejam como era bonito", eles exclamavam a respeito do irmão. Mas ninguém mostrava as fotos dele. O irmão sempre parecia fazer tudo certo, sendo inteligente e bem vestido, enquanto ele sempre parecia estar em dificuldades. O irmão mais jovem sentia que os pais o procuravam apenas quando alguma coisa aparecia quebrada. Certa noite eles o encontraram soluçando no quarto, por pensar que ninguém o amava. Ferir o autorrespeito de uma criança pequena desse jeito é pior do que bater nela e deixa cicatrizes indeléveis.

Um pai disse ao filho: "Não sei o que vai acontecer com você. Acho que ninguém vai lhe dar emprego. Você nunca será nada na vida". Se uma criança ouvir repetidamente que jamais será nada, começará a acreditar nisso. Se não conseguir ser bem-sucedida, a culpa não será inteiramente sua. Uma grande parte da responsabilidade deve ser atribuída ao pai que, ao roubar do filho o seu autorrespeito, o priva também de uma qualidade dada por Deus que é uma das maiores forças da personalidade.

Da mesma forma, o ridículo, o sarcasmo, a zombaria e o desprezo pela criança produzem sentimentos de inferioridade que devem ser evitados. A mente dela pode ser prejudicada e suas emoções feridas num momento de ira de um dos pais. Quando esses sentimentos são reprimidos e interiorizados, podem resultar em problemas emocionais graves mais tarde na vida.

Até o fato de rir quando uma criança pronuncia mal uma palavra ou comete algum erro pode levá-la à desonestidade e à mentira, a fim de proteger seu autorrespeito.

Adequação, identidade própria e valor pessoal

Os sentidos de adequação, de identidade própria e de valor pessoal estão relacionados a essa necessidade básica de significado. É interessante observar como essas percepções se desenvolvem.

O sentido de adequação começa bem cedo na vida da criança. Acredita-se que essa percepção seja estimulada em grande parte pelas atitudes do pai de mesmo sexo dela. O menino desenvolve seu senso de capacidade de fazer as coisas por meio da afirmação, dos incentivos e das atitudes de seu pai. A menina desenvolve boa parte de seu senso de capacidade e realização a partir de sua mãe. Através da confiança, do incentivo e das palavras de afirmação que a mãe lhe oferece, a menina desenvolve o senso de que pode fazer bem as coisas e de que seus esforços são válidos.

O sentido de identidade própria também começa cedo. A criança adquire essa percepção de exclusividade e de ser única no mundo principalmente por meio do pai de sexo oposto ao dela. A relação da mãe com seu filho tem muito a ver com a identidade própria dele, e a relação do pai com sua filha tem enorme importância em relação a qual tipo de identidade própria ela vai ter.

O valor pessoal surge em grande parte de uma profunda sensação de "eu sou amado", "eu sou valorizado", e "gostam de mim exatamente como eu sou". A confirmação disso na criança vem do pai e da mãe quase na mesma medida. Para desenvolver uma sensação saudável e útil de valor pessoal na criança, os pais precisam expressar amor sem reservas um para o outro e para o filho.

Adotadas no trabalho prático, as seguintes sugestões positivas podem ser de grande ajuda.

Como construir um sentido de significado?

Vejamos agora o lado positivo.

1. *Sua atitude como pai em relação a você mesmo é básica e afetará a autoestima de seu filho.* Se você, como pai, tem um sentido de dignidade e valor, transmitirá isso a seu filho.

2. *Deixe que seu filho ajude em casa.* Crescer é ser necessário. "Deixe que eu faço" começa cedo. A tentação é afastar a criança e fazer você mesmo. Mas a criança pequena gosta de ajudar e precisa de experiências significativas, para aprender a ser responsável. De que outra

forma uma criança aprenderá a fazer doces, pintar a cerca ou pregar pregos?

Elogiar a criança desde cedo quando ela faz pequenos serviços dá-lhe uma sensação de significado. Mais tarde, as tarefas diárias produzirão um sentimento de realização habitual. Bruno Bettelheim escreve: "A convicção sobre o próprio valor só pode resultar do sentimento que a pessoa tem de que seu trabalho é importante e que ela se desempenha bem nele". Deixe então que a criança ajude. Evite a frase penosa: "Oh, você não pode fazer isso".

3. *Apresente seu filho a outros.* Um amigo meu que é editor viajou pelo país a serviço de uma revista para a juventude. Ele contou-me que quase sempre podia prever o clima do relacionamento entre os jovens e seus pais ao observar se estes apresentavam seus filhos a ele pelo nome. O nome é muitíssimo importante para a criança, bem como para o adulto. Quando os pais ou outras pessoas consideram a criança digna de ser apresentada pelo nome, isso contribui para que ela desenvolva um senso de dignidade.

4. *Deixe que a criança fale por si.* Nós muitas vezes humilhamos uma criança falando por ela. É grosseiro por parte dos pais responderem a uma pergunta feita à criança. Tive ocasião de ouvir perguntas feitas a estudantes universitários respondidas pelos pais. Por exemplo:

"Como está indo a faculdade?", e o pai responde: "Ah, ela está indo muito bem, é a primeira da classe". Ou "Ele entrou na equipe de futebol".

Num grupo de conselheiros para a juventude, foi dito que são os pais que geralmente falam quando um jovem é levado para uma entrevista. Essa é sem dúvida uma grande parte do problema.

Por que os pais falam pela criança, minando seu autorrespeito e diminuindo seu significado? Porque os pais não respeitam a criança como uma pessoa e querem afirmar a própria importância. Ao fazer isso eles advertem a criança de que ela é insignificante e desqualificada para falar por si.

5. *Dê à criança o privilégio da escolha e respeite suas opiniões sempre que possível.* A personalidade se desenvolve à medida que se tomam decisões. As crianças devem ter muitas oportunidades para escolher, aprendendo a viver com os resultados de suas decisões.

Certos assuntos exigem a decisão dos pais, como é natural. Mas diversas escolhas não têm nenhum significado moral ou eterno. Quando permitimos que a criança faça a escolha, nós lhe damos um sentimento de significado.

6. *Passe tempo com seu filho.* Quando os pais não dão atenção ao filho, este exigirá essa atenção de modo

desagradável, tal como choro sem motivo, brigas e outros padrões negativos de comportamento.

Um menino pequeno ficou olhando o pai encerar o carro e perguntou:

— Papai, o seu carro vale muito, não é?

— É verdade — respondeu o pai. — Ele custou caro. Vale a pena cuidar dele. Quando tiver de vendê-lo, posso receber mais se estiver bem cuidado.

Depois de refletir um pouco, o menino disse:

— Pai, acho que eu não valho muito, não é?

Nós transmitimos a nosso filho um senso de autor-respeito quando reservamos tempo para ouvir suas preocupações, quando baixamos o jornal que estamos lendo para dar-lhe atenção, quando olhamos em seus olhos ao falar conosco.

Outro menino aproximou-se do pai que lia o jornal. Ele tentou mostrar-lhe um pequeno arranhão que fizera na mão. Aborrecido com a interrupção, o pai, ainda olhando para o jornal, respondeu:

— Não posso fazer nada por causa disso, posso?

O pequeno respondeu:

— Pode sim, papai, você pode dizer: Coitado!

Uma mulher contou que seu filho pequeno aproximou-se dela durante dois dias, reclamando de uma bolha no dedo. A cada vez ela lhe disse: "Você precisa ter mais cuidado para não se machucar", mas não examinou a mão dele. Antes de deixá-lo com uma babá para participar de uma conferência sobre problemas de relacionamento entre pais e filhos, ela finalmente parou para olhar a mão do menino. Imediatamente percebeu que ele precisava de cuidados médicos, pois uma farpa que entrara no dedo da criança tinha provocado infecção. Desejou ter prestado antes atenção ao problema do filho.

7. *Encoraje o sentimento de dignidade e importância, confiando ocasionalmente a seu filho coisas que lhe causem surpresa.* Há algum tempo minha irmã e sua família vieram visitar-nos.

— Onde está o Jerry? — todo mundo queria saber. Seu filho de catorze anos não viera com eles. O pai respondeu:

— Nós o deixamos em casa para providenciar a venda de um trator.

Ficamos espantados com a ideia, mas os pais de Jerry estavam completamente tranquilos. E que sentimento de valor o rapazinho deve ter tido!

Certa família colocou o nome dos filhos adolescentes, de treze e quinze anos, na conta conjunta. "Por que não?", perguntou o pai. "Devo confiar mais nos banqueiros do que em meus filhos?"

As crianças ficam mais responsáveis e se desempenham melhor quando mostramos confiar nelas. Confiança por meio de coisas que até possam surpreendê-las irá ajudá-las a ter um senso de dignidade e valor, algo básico para a vida. Um dos maiores presentes que você pode dar a seu filho é ajudá-lo a gostar de si de forma saudável.

Pesquisa sobre significado para os pais

Marque um "x" na lacuna apropriada: verdadeiro (V), falso (F) ou habitualmente (H).

V   F   H

— — — 1. Passo algum tempo com meu filho sempre que estou em casa.

— — — 2. Dou a meu filho responsabilidades especiais para provar que confio nele.

— — — 3. Não tento forçar meu filho a ter um comportamento para o qual não esteja preparado.

— — — 4. Apresento meus filhos às visitas pelo nome.

— — — 5. Acredito que o relacionamento marido-esposa tem prioridade sobre o relacionamento pais-filhos.

— — — 6. Como pais, mostramos afeição um pelo outro na frente dos filhos.

— — — 7. Permito que meus filhos me ajudem a fazer as coisas.

Para discussão

1. Discuta as ocasiões de que se lembra quando o relacionamento pai-filho teve prioridade sobre o relacionamento marido-mulher.
2. Até que ponto os pais têm liberdade de mostrar afeto diante dos filhos?
3. Dê exemplos de sua experiência das ocasiões em que forçou seus filhos a terem um comportamento para o qual não estavam preparados.
4. Discuta a declaração: "Os sentimentos de inferioridade surgem do impulso em busca da superioridade".
5. Você acha que existe qualquer justificativa para um pai ou mãe responderem pelo filho?
6. Quais são algumas das coisas que poderia confiar a seu filho, a fim de surpreendê-lo e mostrar sua confiança nele?
7. Quais são alguns dos modos com que crianças de diferentes idades procuram afirmar-se, a fim de aumentar seu senso de valor?

2. As crianças precisam de segurança

Os pais não podem mudar a cor dos olhos de seu filho, mas podem dar aos olhos a luz da compreensão, o calor da simpatia. Eles não conseguem mudar muito o aspecto da criança, mas podem de muitos modos dotar a criança com o brilho da humanidade, bondade e amizade, que no longo prazo talvez lhe proporcione muito mais alegria do que a perfeição que vence nos concursos de beleza. Os pais não dão segurança cercando o filho de coisas materiais, mas envolvendo-o nos braços do amor.

ೋ ಲ

Os pais excessivamente protetores ou permissivos não transmitem um sentimento de segurança aos filhos. A criança precisa de um contexto a fim de desenvolver-se numa pessoa — uma personalidade forte, útil e verdadeira. Quando o pai é superprotetor, a personalidade do filho fica anêmica, como uma planta nova que brota junto a uma árvore crescida. O pai superprotetor ama o filho principalmente por aquilo que este lhe dá. Esse é um tipo de amor prejudicial, egoísta.

Por outro lado, o pai permissivo demais que não faz restrições claras, não coloca barreiras, irá criar uma criança insegura. Embora as regras devam ser poucas, essas regras ajudam constantemente a construir a estabilidade.

CHARLES KINGSLEY

JOEL PROCUROU aconselhamento voluntariamente. Aos dezenove anos ele era um exemplo de insegurança e incompetência. Várias sessões revelaram muitas razões para isso. Ele disse que jamais conhecera um dia feliz em sua vida. Embora tentasse manter uma aparência de firmeza, no fundo estava sempre fugindo de medo. Ele voltou-se para as drogas e o álcool a fim de apoiar-se neles e continuar vivendo. Achava-se agora no fim de suas forças. Desesperado, procurou ajuda.

A criança deseja segurança. Ela pode agarrar-se a um cobertor, arrastar um ursinho ou boneca de pano para onde quer que vá, como um símbolo dessa segurança. A criança tem uma necessidade íntima de certeza, de sentir-se segura, de ter chão sólido sob os pés. Ela fica com medo quando não está perto da família.

Healy e Bronner, no livro *New Light on Delinquency and Its Treatment* [Uma nova luz sobre a delinquência e seu tratamento], dizem que se a necessidade básica que a criança tem de segurança não for satisfeita, ela começará a roubar coisas no supermercado quando chegar aos oito anos. Pais conscientes querem construir segurança para seus filhos e reduzir o número de experiências que geram insegurança.

Condições que criam insegurança

Nem todas as razões para a insegurança são descritas na experiência de Joel, mas algumas das principais acham-se presentes. Quais são elas?

1. *Conflito entre os pais*. Na vida de Joel jamais houve um período em que os pais vivessem em paz, demonstrando amor. Eles estavam sempre brigando. Havia tensão no ar e esta acabava por envolvê-lo, fazendo-o sentir que a qualquer momento a família poderia desfazer-se.

Num estudo de adolescentes perturbados, as três razões mais frequentemente mencionadas para o uso de drogas (na ordem de vezes em que foram citadas) são: 1) conflito entre os pais, 2) desejo de mudar de personalidade e 3) pressão do grupo. Os adolescentes tinham pais que brigavam constantemente; eles não gostavam de si mesmos e queriam mudar de personalidade por meio das drogas; e cederam ao uso de drogas devido à pressão de outros.

Poucas coisas são mais ameaçadoras para uma criança do que ver aqueles que conhece melhor, de quem sua vida depende, como inimigos brigando continuamente. Isso não significa que os pais jamais devam discutir na frente dos filhos. Ter diferenças agudas e resolvê-las em amor pode ajudar o filho a enfrentar a vida realisticamente. Se ele observar amor entre os pais depois de uma discussão, ficará provavelmente mais preparado para enfrentar conflitos do que a criança que nunca soube que os pais tinham diferenças de opinião. Isso contrasta, porém, com os pais que brigam sempre.

2. *Mobilidade*. Os pais de Joel fizeram muitas mudanças. Ele jamais se sentiu em casa em lugar algum. Nunca pôde fazer amigos íntimos e se sentia ameaçado pela ideia de enfrentar novas situações.

Muitas famílias modernas estão continuamente em movimento. Mais de um quarto da população muda de casa a cada ano. Poucas famílias ficam na mesma casa durante dez anos ou mais. Ainda mais significativo é o rompimento da família inicial por meio do divórcio, de pais solteiros e de famílias mistas. As forças de apoio e estabilidade proporcionadas pela família mais ampla quase sempre faltam tanto aos pais como aos filhos.

Há alguns anos um menininho parecia doente. Depois de vários exames o médico não conseguiu descobrir a razão da doença. Passados muitos meses o menino confessou aos pais: "Tinha medo que vocês mudassem de novo enquanto eu estava na escola".

A mudança para outra cidade ou bairro força a criança a ajustar-se a novos amigos, uma nova escola, uma nova casa e muitas outras experiências novas. Essa criança facilmente poderá apresentar sentimentos de insegurança, especialmente se não desfrutar do calor e da força de um relacionamento positivo profundo com irmãos, irmãs e pais.

3. *Falta de disciplina adequada*. Joel jamais soube onde se achavam os verdadeiros limites de sua vida. Quando seus pais estavam de bom humor eles se mostravam excessivamente permissivos, mas quando aborrecidos com alguma coisa Joel era o alvo mais fácil sobre o qual descarregar a sua agressividade.

Para sentir segurança e bem-estar a criança precisa de certas regras de vida. As crianças mais inseguras são aquelas provenientes de lares onde não existem regras de comportamento estabelecidas. Alguns adolescentes reclamam que os pais não se importam suficientemente com eles para marcar tais limites. Os jovens podem parecer zangados ou injustiçados quando os limites são estabelecidos, mas ficam satisfeitos no íntimo, porque eles lhes dão um sentimento de segurança. Papai e mamãe se importam.

A disciplina como uma necessidade básica será discutida num capítulo posterior. Mas como ela tem muito a ver com o sentido de segurança, está sendo mencionada brevemente aqui.

Uma mocinha de dezessete anos achava difícil acreditar que Deus a amava, porque não podia mais confiar no amor humano. Sentia-se infeliz. Ao admitir isso diante do orientador, ela revelou que o amor era escassamente transmitido em sua casa. Ela jamais tinha certeza de que era amada ou sequer desejada.

Certo dia na casa de uma amiga, ela viu a mãe beijar a filha e dizer:

— Olhe, querida, espero que esteja de volta às onze horas. Não se atrase. Vou ficar esperando você.

Como se recebesse uma facada no coração, ela ficou imaginando por que sua mãe nunca parecia se importar com onde ela estava ou quando iria voltar para casa. Para descobrir se a família realmente se interessava por ela, resolveu ficar fora até tão tarde que eles se preocupassem com seu bem-estar ou talvez chamassem a polícia.

A jovem foi a um espetáculo noturno só para ter onde ficar. Depois andou sozinha pelas ruas até que começou a ficar com medo. Foi para uma estação de ônibus e encolheu-se num banco, cansada e desejando ansiosamente estar na cama.

De madrugada, finalmente chegou a sua casa, fazendo bastante barulho na esperança de que alguém ouvisse. Ninguém perguntou quem era. Ninguém deu atenção. Na hora do café ninguém perguntou onde estivera a noite inteira. A jovem tinha a sua resposta! Com essa mágoa profunda no coração ela estava se arrastando pela vida.

4. *Ausência dos pais.* Joel não teve de enfrentar apenas a novidade de uma mudança após outra, mas seus pais também estavam constantemente ausentes. O pai pouco ficava em casa, mesmo à noite. A mãe trabalhava fora, e quando chegava da escola Joel encontrava a casa vazia. A ausência dos pais cria insegurança.

Hoje, mesmo quando os pais estão presentes, são basicamente ausentes por causa do tempo que dão a coisas como internet, redes sociais, mensagens de texto e outras formas de interação com o mundo para além dos muros de casa.

Um pesquisador telefonou a uma dúzia de casas, cerca das nove horas da noite, para ver se os pais sabiam onde seus filhos se encontravam. "As primeiras cinco chamadas foram atendidas por crianças que não tinham ideia do paradeiro dos pais", relatou ele.

5. *Críticas contínuas*. Os pais de Joel amontoavam críticas sobre ele. Nada do que fazia era certo. Um tremendo sentimento de fracasso se achava sempre presente. Ele vivia com um sentimento profundo de incompetência. Ao pedir emprego, sua insegurança sempre aflorava diante do entrevistador. Ao tentar uma nova tarefa, tinha certeza de não ter êxito. Sentia-se rejeitado.

Sheldon e Eleanor Glueck em seu livro *The Making of a Delinquent, One Thousand Juvenile Delinquents* [Como criar um delinquente, mil delinquentes juvenis], e outros estudos no gênero, mostram que a rejeição pelos pais é um dos principais fatores que levam as crianças a uma vida de crimes.

A criança sente-se esmagada quando julga que os pais não gostam dela, constantemente a criticam e não têm tempo para ela, ou se sente que não é desejada. Os pais também podem provocar sentimentos de rejeição quando fazem coisas para a criança com ar de martírio.

6. *Coisas e não pessoas*. Joel tinha o sentimento nítido de que seus pais constantemente lhe davam coisas e dinheiro em lugar da presença deles. Em seu aniversário e no Natal eles o cobriam de presentes. Mas desde pequeno ele

queria *eles* e não os presentes. À medida que foi crescendo, parecia a Joel que o dinheiro e os presentes dos pais eram como uma compensação culposa por sua falta de tempo e amor para com ele.

7. *Pais inseguros*. Por trás da insegurança da juventude, porém, está o fato de que muitos pais sentem-se também inseguros. A situação mundial instável tem muito a ver com isso. Uma menina de oito anos, cuja família mudou-se para uma casa nova na cidade, parecia ansiosa e preocupada. Quando os pais finalmente a convenceram a dizer o que a perturbava tanto, ela disse que preferia ter permanecido no campo. A menina estava com medo de que alguém entrasse no ônibus dela ou em sua escola e começasse a atirar nas pessoas, e estava assustada com os garotos que eram maus com outras crianças.

Conversas sobre inflação, impostos altos, depressão econômica, quebra na safra, desastres naturais, guerra, insegurança no emprego e uma multidão de outros problemas, discutidos descuidadamente diante dos filhos, podem causar medo e insegurança. Os pais que também discutem na frente dos filhos problemas de delinquência, drogas, sexo e suas inseguranças sobre criar uma família podem provocar pânico interior. Uma criança pequena que ouviu seus pais conversando sobre poluição perguntou: "Mãe, você tem certeza de que vai haver ar suficiente para todos?".

Vivemos em uma era de ansiedade. Uma era em que as crianças tentam participar mais das preocupações dos pais do que deveriam. A reclamação crônica dos pais causará efeitos nos filhos. "Basta a cada dia o seu próprio mal" (Mt 6.34).

Os pais inseguros geralmente têm grande dificuldade em prover disciplina consistente. Eles mudam de um para outro extremo. Vão da permissividade ao castigo, dependendo de como se sentem na hora. Quando tomam uma posição firme a respeito de algo, ficam achando que provavelmente estão errados por se mostrarem tão rígidos. Quando deixam de afirmar o que no fundo sabem que está certo, sentem-se culpados.

A criança logo aprende a jogar os pais inseguros um contra o outro. Ela faz uso dessa insegurança para alcançar seus desejos imediatos que no geral são prejudiciais. A criança, para sentir-se segura, precisa saber qual a sua posição. Quando descobre que as expectativas dos pais são construídas sobre a areia movediça, ela perde a segurança.

O que promove a segurança?

Poderíamos dizer simplesmente que a modificação de todos os comentários acima, mudando-os da forma negativa para a positiva, mostraria como dar à criança a segurança de que precisa. Isso é correto. Mas vamos observar mais de perto sete fatores positivos que promovem o senso de segurança na infância.

1. *Segurança entre o pai e a mãe*. O amor que o pai e a mãe têm um pelo outro é o mais importante desses fatores. As discussões constantes entre os pais dividem a criança e tiram o chão firme de seus pés. Por trás das ocasionais diferenças de opinião, o filho deve poder sempre sentir o amor, a confiança e a lealdade.

Quando consideramos o grande número de abandonos do lar e divórcios, não é de admirar que as crianças sintam-se inseguras. Alguém escreveu a respeito de sua infância: "Jamais testemunhei um beijo de meus pais. Minha maior dificuldade quando pequeno era uma terrível sensação de insegurança". O dr. David Goodman afirma a respeito do relacionamento entre pai e mãe:

> Seu filho sorrirá para você, e mais tarde para o mundo, se vocês dois jamais deixarem de sorrir um para o outro. Nenhum ponto de educação de filhos é mais verdadeiro ou importante do que esse.

O dr. Kenneth Foreman escreve:

> O encarregado do Departamento de Delinquentes Juvenis declarou que as crianças delinquentes vêm de toda espécie de lares menos uma. Ele jamais encontrou

um menor delinquente em cujo lar reinasse harmonia entre marido e mulher.

O psiquiatra Justin S. Green concorda:

> Em meus 25 anos de prática, estou ainda para descobrir um problema emocional sério numa criança cujos pais amassem um ao outro e cujo amor pelo filho fosse resultado desse sentimento entre eles.

2. *Um amor generoso e contínuo dos pais pelo filho*. Por meio dos cuidados dos pais, cheios de amor, a criança adquire seu primeiro sentido de segurança num mundo novo e estranho. Esse amor permanente significa aceitação, quer ela seja boa ou má. A criança é extremamente sensível ao fato de não ser desejada. Para sentir-se segura ela precisa ser carregada, abraçada e ouvir palavras de afeto. O amor ajuda a criança a enfrentar o que vier.

Um menininho que estava no hospital recebeu elogios pelo seu comportamento. "Você pode suportar praticamente tudo quando sabe que seus pais o amam", respondeu ele. Quando a criança sente-se segura no amor da família ela consegue superar a zombaria das outras. Pode resistir à pressão de fazer "o que todos estão fazendo". Pode manter a cabeça erguida quando perde um jogo ou uma eleição na escola. Pode enfrentar o que der e vier.

Um médico perguntou a uma garotinha:

— O que a palavra "lar" significa para você?

Ela respondeu:

— Lar é para onde você vai quando fica escuro.

A criança que pode voltar à segurança de um lar amoroso quando escurece é sem dúvida abençoada. Como é triste para muitas crianças quando o lar também é escuro.

3. *União na família*. A criança tem uma sensação de estabilidade e segurança quando percebe uma forte união na família. O autor Gordon, em seu livro *A Touch of Wonder* [Um toque de maravilha], nos conta muitas coisas que sua família fazia quando ele era menino. Ele se recorda com prazer:

> Não há dúvida que eu tinha brinquedos como toda criança, mas não me lembro mais deles hoje. O que me lembro é do dia em que andamos no vagão de carga de um trem, da ocasião em que tentamos esfolar o jacaré, do telégrafo que fizemos e que funcionou de verdade, lembro-me da mesa de troféus no saguão onde as crianças eram encorajadas a exibir as coisas que haviam encontrado: peles de cobra, conchas, flores, pontas de flechas, qualquer coisa diferente ou bonita.

As pesquisas mostram que as crianças começam a andar com a turma errada quando não sentem que há união na família. Na reabilitação de crianças que haviam perdido ambos os pais na Primeira Guerra Mundial, descobriu-se que aquelas que podiam se lembrar de fazer coisas em conjunto com a família tinham mais facilidade para voltar a uma vida normal.

Não é surpreendente que nós nos lembremos de pouquíssimas coisas da infância que fizemos sozinhos? Repetidas vezes, em retiros familiares, peço às pessoas que recordem a infância. Invariavelmente, as lembranças referem-se a coisas que elas fizeram com a família inteira ou com a mãe ou o pai. Na sequência eu gosto de perguntar: "Quantos anos você tinha quando fez isso?". Mais uma vez, quase sem exceção, é algo que fizeram na infância média (entre 6 e 12 anos).

Descobri que as coisas que fizemos juntos como família na infância exercem influência tremenda no resto da vida. Os acampamentos de férias de que desfrutamos em família quando nossos filhos eram pequenos repetem-se hoje nas férias de que eles continuam a desfrutar com os próprios filhos.

Numa série de conferências sobre a família, uma mulher suíça contou sua experiência. Quando menina, sua família tinha pouquíssimos bens materiais. O amor poucas vezes se manifestava abertamente. Mas uma lembrança que guardou acima de todas as outras foi o dia em que a mãe tirou uma tarde inteira para fazer uma boneca de pano para ela. Esse ato tão simples significou para a menina muito mais do que qualquer coisa que o dinheiro pode comprar.

Uma professora da pré-escola perguntou à classe antes do Dia das Mães: "Por que você acha que sua mãe é a melhor?". As respostas foram reveladoras. Note os tipos predominantes. As pequenas coisas feitas em conjunto se destacam. Seria interessante também analisar o que não se encontra na lista. Esta é a lista:

1. Minha mãe brinca muito comigo.
2. Porque ela jogou comigo ontem e me deu xarope por causa do meu resfriado.
3. Porque compra coisas para mim.
4. Porque minha mãe lava roupas e me beija quando vou para a escola.
5. Porque ela cozinha, lava roupas e me ama.
6. Porque faz comida para mim e apara a grama.
7. Porque ela cozinha para nós.
8. Porque assa batatas, faz o jantar e toma conta de meu irmãozinho pequeno.
9. Não consigo pensar em nada. (*Isso poderia significar muito.*)
10. Porque me abraça e é tão bonita.
11. Porque me beija, me abraça e cuida de mim.
12. Ela é a melhor cozinheira e faz sopa para mim.

13. Ela cozinha para mim e me põe na cama.
14. Ela faz o bife do papai.
15. Ela limpa a casa, faz as camas e lava os pratos para nós comermos a toda hora.
16. Porque faz coisas gostosas em meu aniversário.
17. Porque arruma nossas camas e nos cobre à noite.
18. Porque ela ajuda o Chico, o Jonas o papai e eu a jogar pingue-pongue.
19. Porque nos ajuda a fazer as coisas. Ela faz comida e nos chama na hora do jantar.
20. Porque eu gosto dela e papai também, meu irmão não gosta de beijá-la, mas uma vez minha avó deu um beijo nele quando ele estava dormindo. Ha!
21. Não sei por quê.
22. Porque ela faz pipocas e é sempre boa para mim.
23. Porque me dá todos os remédios de que preciso e cuida de mim.

Uma boa dose de segurança está espalhada entre todas essas declarações.

4. *Rotina regular*. Horas certas para fazer as coisas na família promove a segurança. Isso não significa regras férreas que nunca podem ser mudadas. O que significa é que um horário habitual para refeições, tarefas domésticas, e ir para a cama é bom e constrói relacionamentos sadios.

5. *Disciplina adequada*. Pais excessivamente permissivos, indecisos, que deixam o filho à mercê de cada capricho ou impulso, são uma verdadeira ameaça à segurança dele. O filho jamais sabe claramente o que se espera dele ou o que pode ou não fazer. A disciplina, administrada imparcialmente, com amor, promove a paz e a ordem na vida da criança.

6. *A influência do toque*. Considerável atenção tem sido recentemente dispensada à influência do toque sobre o fator segurança e aceitação. O dr. Frederic Burke, um pediatra de Washington, D. C., salienta a importância de o pai e a mãe embalarem o bebê. "Eu recomendo muito uma cadeira de balanço", diz ele. "E aqui na Faculdade de Georgetown praticamos o que pregamos. Mandamos colocar cadeiras de balanço em todos os berçários. Elas ajudam tanto a mãe como a criança."

"A maioria das mães compreende que o bebê precisa ser tocado, acariciado, abraçado e ouvir palavras carinhosas." O dr. Burke continua:

> Todas essas coisas são agradáveis, suaves e reforçam a segurança da criancinha [...] Acredito firmemente que o fato de sentir as mãos e os braços amorosos dos pais fica impresso na mente dela; e embora aparentemente esquecido, ele tem uma tremenda influência sobre o ego da criança e o tipo de adolescente em que vai se tornar.

Assim sendo, o toque, pele com pele, é corretamente enfatizado hoje como parte importante da experiência de uma criança. A amamentação é recomendada sempre que possível. Carregar a criança com frequência e tocá-la ao falar-lhe são forças psicológicas positivas que promovem a segurança íntima, a satisfação e os bons relacionamentos. Comunicamos muito pelo toque. Algumas pessoas têm dificuldade em aproximar-se de outras como adultos e em desempenhar-se bem no casamento porque jamais se sentiram fisicamente próximas de seus pais.

Carregar a criança, colocar a mão em seu ombro quando estiver andando — tudo isso ajuda a criar proximidade e um relacionamento sólido. Esse sentimento não pode ser substituído por encher a criança de coisas que o dinheiro pode comprar.

7. *Sentimento de pertencer*. A ideia de pertencer é uma necessidade psicológica profunda. A criança quer fazer parte de uma família, uma classe, ou uma equipe. Se sentir que não pertence, é certo que ficará insegura.

> Há alguns anos o jornal *The New York Times* publicou uma história de interesse humano sob o título "Ele gostaria de pertencer". O artigo falava de um menino que viajava de ônibus na cidade. Ele estava ali sentado, perto de uma senhora vestida de cinza. Naturalmente todo mundo pensava que ele estava com ela. Não

é de admirar então que ao esfregar os sapatos sujos numa mulher sentada do outro lado dele, ela dissesse à senhora de cinza:

— Desculpe, mas quer fazer seu filho tirar os pés do banco? Os sapatos dele estão sujando meu vestido.

A mulher de cinza ficou vermelha. Depois, deu um pequeno empurrão no menino e falou:

— Ele não é meu filho. Nunca o vi antes.

O menino se encolheu todo. Era tão pequeno, com os pés balançando por não alcançarem o chão. Baixou os olhos e tentou desesperadamente conter um soluço.

— Sinto muito ter sujado seu vestido — disse ele à mulher. — Eu não queria fazer isso.

— Ah, não faz mal — respondeu ela meio embaraçada. Depois, como os olhos dele ainda estavam pregados nela, acrescentou:

— Você está indo a algum lugar sozinho?

— Sim — ele acenou com a cabeça — Sempre ando sozinho. Não tenho ninguém. Não tenho mãe nem pai. Os dois morreram. Eu vivo com a tia Clara, mas ela diz que a tia Odete devia tomar conta de mim parte do tempo. Quando ela fica cansada de mim e quer ir a algum lugar, ela me manda ficar com a tia Odete.

— Você então está indo para a casa da tia Odete agora? — disse a mulher.

— Sim — replicou o garoto — mas algumas vezes a tia Odete não está em casa. Espero que esteja hoje, porque parece que vai chover e eu não quero ficar na chuva.

A mulher sentiu um nó na garganta enquanto dizia:

— Você é ainda muito pequeno para ficar indo de cá para lá desse jeito.

— Ah, não me importo — respondeu. — Nunca me perco. Mas às vezes fico triste. Quando eu vejo então alguém a quem gostaria de pertencer, eu sento bem perto da pessoa e faço de conta que pertenço de verdade a ela. Eu estava fazendo de conta que pertencia a esta outra senhora quando sujei seu vestido. Esqueci-me de meus pés.

Esse garotinho, em suas palavras simples e infantis, expressou uma necessidade universal. Não importa quem ele é nem qual a sua idade: todos querem pertencer.[1]

A sensação de pertencer é essencial para a segurança da criança e seu sentimento de dignidade e valor. Quando uma criança sente que pertence a sua família e é valorizada nela, não é difícil sentir-se aceita, amada e valorizada pelos outros e por Deus.

---

[1] Clyde M. Narramore. *This Way to Happiness*, p. 54-55.

Certo homem cujo pai era muito conhecido se lembra de como sentia falta dele quando criança, por causa de seus afazeres públicos que o faziam se ausentar de casa repetidamente.

Numa noite em que o pai deveria chegar, o menino quis ficar acordado para vê-lo. Todavia, foi enviado para a cama por mau comportamento. Ele acordou entre dez e onze horas e ouviu a voz do pai. Levantou-se, vestiu-se e desceu as escadas. Simplesmente não podia ficar longe dele, embora arriscasse ser censurado. Mas o pai o tomou nos braços e disse: "Meu querido filho".

Ainda hoje, tantos anos depois, ele diz que pode lembrar-se da "deliciosa sensação de pertencer a meu pai".

Como os sentimentos de pertencer ou fazer parte são gerados? Fazendo coisas juntos. Compartilhando de interesses comuns e confiando responsabilidades uns aos outros. Manter a pessoa em lugar dos presentes no centro de interesse ajuda a criar um senso de pertencer. A criança sente-se reassegurada quando orações são feitas a seu favor, quando suas opiniões são valorizadas e quando é incluída nas experiências da família, tanto as sérias como as agradáveis. Ela sente que pertence quando é incluída nas responsabilidades e no trabalho da família.

Em último lugar, devemos lembrar que a segurança emocional e espiritual é muito mais importante do que a segurança econômica e física. Até mesmo uma criança pode suportar a pobreza, a fome, o sofrimento e o perigo de maneira admirável, caso possua segurança emocional e espiritual.

A criança que tem todas as coisas materiais na vida morrerá de inanição espiritual e agredirá outros quando lhe forem negados relacionamentos significativos. Por outro lado, a criança que passa fome e tem poucos bens materiais pode perfeitamente se transformar em uma pessoa nobre e generosa se conhecer a segurança dos relacionamentos cheios de amor.

PESQUISA SOBRE A SEGURANÇA PARA OS PAIS

Marque um "x" na lacuna apropriada: verdadeiro (V), falso (F) ou habitualmente (H):

V   F   H
— — — 1. Acho que nossos filhos sentem-se razoavelmente seguros.
— — — 2. Temos cuidado ao falar das condições mundiais, a fim de não gerar sentimentos de medo e apreensão.
— — — 3. Evitamos transmitir nossos temores a nossos filhos.

___ ___ ___ 4. Se não vamos estar em casa quando nossos filhos voltam da escola, temos cuidado em avisá-los onde podem nos encontrar.
___ ___ ___ 5. Nosso filho pode ter medo de que nosso casamento esteja acabando.
___ ___ ___ 6. Tivemos sempre liberdade em abraçar e beijar nossos filhos, falando-lhes do nosso amor por eles.
___ ___ ___ 7. Temos como prática ficar com nossos filhos e ler para eles.
___ ___ ___ 8. Temos horários regulares em casa para as refeições, tarefas domésticas e hora de dormir.

Para discussão

1. Discuta pontos adicionais que, em sua opinião, possam gerar sentimentos de insegurança ou segurança na criança.
2. Discuta a declaração: "As crianças sentem-se inseguras enquanto não conhecem os seus limites de comportamento".
3. Quão séria é para você a questão de a mãe trabalhar fora?
4. Faça uma lista e discuta as coisas que vocês fazem juntos como família.

5. Você acha que muitos pais dão presentes (coisas) em lugar de amor? Por que isso gera insegurança?
6. A área em que me sinto mais inseguro como pai é...
7. Uma mudança da família criou sentimentos de insegurança em seu filho?
8. Você acha que tem mais ou menos tempo para passar com seu filho do que seus pais ou avós tiveram? Por quê?
9. Pense em três maneiras de melhorar os períodos de tempo em que a família passa reunida.
10. As três citações nas página 44 e 45 podem soar fortes e absolutas. Há exceções?

3. As crianças precisam de aceitação

A criança que é sempre criticada,
Aprende a condenar.
A criança que é sempre hostilizada,
Aprende a agredir.
A criança que é sempre ridicularizada,
Aprende a ser tímida.
A criança que é sempre envergonhada,
Aprende a sentir culpa.
A criança tratada com tolerância,
Aprende a ser paciente.
A criança que é encorajada,
Aprende a ser confiante.
A criança que é elogiada,
Aprende a apreciar.

A criança que recebe um tratamento imparcial,
Aprende a ser justa.
A criança que vive com segurança,
Aprende a ter fé.
A criança que é aprovada,
Aprende a gostar de si mesma.
A criança que vive em meio à aceitação e amizade,
Aprende a descobrir o amor no mundo.[1]

৪০ ০৪

NA INTRODUÇÃO de seu excelente livro *Esconde-esconde*, o dr. James Dobson fala de uma entrevista dada na televisão por John McKay, o grande treinador de futebol da Universidade da Califórnia do Sul. Pediram ao treinador que fizesse um comentário sobre seu filho, John Jr., jogador bem-sucedido no time do pai. "Estou contente que John jogou bem no ano passado. Ele está fazendo um bom trabalho e eu me sinto orgulhoso dele", admitiu McKay. "Mas teria o mesmo orgulho se ele não fosse jogador".

A aceitação do filho por parte de McKay não dependia de o filho ser talentoso ou não, nem do seu desempenho ou falta dele.

---

[1] Extraído de *Children Learn What They Live*, de Dorothy Law Nolte e Rachel Harris.

Os pais infelizmente transmitem com frequência ao filho a ideia de que ele é aceito quando tem êxito, mas não quando falha. A aceitação estabelece uma base sólida para o crescimento e a autoconfiança. Depreciar uma criança — ou aceitá-la algumas vezes e outras não — faz que ela se considere com uma mistura de respeito e desprezo.

A criança que não se sente aceita pelos pais torna-se vulnerável à pressão destrutiva do grupo. Ela luta pela aceitação por parte de outros. É provável que também sinta que Deus a odeia.

Como a saúde física depende principalmente de alimentação e exercício adequados, a emocional também depende em primeiro lugar da estima apropriada que temos pela nossa pessoa. Isto se desenvolve por meio da aceitação e um senso de utilidade. Se o ambiente no lar inclui uma aceitação feliz e satisfeita da criança, ela sente-se valorizada e forte. A maneira como a criança é aceita nos primeiros anos determina em grande parte a estima que tem de si mesma e de outros quando chega à idade adulta.

O pai é uma espécie de espelho em que o pequenino se vê, influenciando sua percepção de si mesmo e do tipo de pessoa que é. Ele absorve o clima emocional do lar, sentindo desde cedo se está cercado de cuidados e amor ou de egoísmo e tensão.

Por que as crianças sentem falta de aceitação?

1. *As críticas constantes à criança criam sentimentos de fracasso, rejeição e desajuste.* Certo jovem, descrevendo seus anos de crescimento, disse: "Raras vezes, ou praticamente nunca, eu me sentia tendo feito a coisa certa. Meus pais me criticavam por fazê-las ou por não fazê-las. Experimentava frustração contínua e finalmente acabei com medo de tentar qualquer coisa sozinho. Se não fosse por uma pessoa que confiou em mim e me deu emprego durante a adolescência, acredito que nunca teria coragem para procurar e conservar um emprego ou tomar e manter qualquer decisão importante".

2. *Comparar a criança com outras transmite falta de aceitação.* Não existem duas crianças iguais, e comparar uma com a outra é uma grande injustiça. A comparação no geral começa cedo. A mãe vê o bebê da vizinha e faz comparações. Seu filho precisa nivelar-se. A comparação contínua cria sentimentos de inferioridade que prejudicam o desenvolvimento da personalidade. Os sentimentos de inferioridade surgem do grande impulso para alcançar superioridade.

A criança pequena não se sente aceita quando seu desempenho nos esportes, na música ou na matemática fica abaixo daqueles com capacidade superior. Cada um de nós é inferior em algumas coisas em relação a outras pessoas. Por outro lado, cada um de nós possui alguns pontos positivos, algumas coisas em que sobressaímos. Devemos concentrar-nos nisso.

Um psicólogo fez uma experiência com um teste de rotina. Quando entregou o teste, avisou que a pessoa comum poderia completá-lo em cerca de um quinto do tempo que realmente levaria. Quando tocou a campainha, indicando que terminara o prazo para o aluno comum, alguns dos mais brilhantes ficaram muito perturbados, pensando que sua inteligência estava diminuindo.

Uma pesquisa diferente entre alunos mostra o que outras suposições podem fazer. Psicólogos escolheram um grupo de alunos de nível médio, dizendo aos professores que eles eram brilhantes. No fim do ano, por causa do entusiasmo e das grandes expectativas dos professores, o desempenho deles ultrapassou o do grupo mais inteligente da escola.

3. *Esperar que a criança realize os sonhos que os pais não puderam realizar faz que ela sinta que não é aceita.* O pai pode ter desejado ser médico. Mas não conseguiu. Desse modo, no momento em que o filho nasce ele planeja enviá-lo para a faculdade de medicina. Muitos pais, sem pensar, desejam que o filho realize as esperanças que não conseguiram realizar. A imposição de tais expectativas sobre a criança faz que ela não se sinta aceita.

4. *A superproteção de uma criança no geral contribui para o seu sentimento de não aceitação*. Os pais são algumas vezes como a mãe que disse ao filho: "Filho, não quero que entre na água até que tenha aprendido a nadar". Como ele vai então aprender? A subproteção é menos perigosa que a superproteção. Os pais devem evidentemente tentar proteger seu filho do perigo. Todavia, pela superproteção o espírito de aventura do filho pode ser prejudicado, instilando um espírito de temor em lugar de fé. É melhor um osso quebrado do que um espírito quebrado.

5. *Esperar demais do filho pode criar sentimentos de não aceitação*. A criança pode sentir até mesmo a ansiedade não expressa dos pais para que seja uma criança-modelo. Se ela for levada a tentar demasiado a alcançar o comportamento certo, isso pode fazê-la sentir-se desajustada em lugar de dar-lhe um sentimento de autorrespeito e aceitação.

Isso não significa ceder sempre ao filho, atendendo a todos seus caprichos e suas exigências imaturas. O comportamento inaceitável precisa ser limitado.

Aceitação significa respeitar os sentimentos e a personalidade do filho, embora mostrando-lhe que o comportamento negativo é inaceitável. Aceitação significa que os pais *gostam* sempre da criança, sem levar em conta seus atos ou ideias.

6. *A presença paterna excessiva rouba a confiança dos filhos.* Quando a liberdade adequada para a idade é negada, a criança pode sentir que os julgamentos dos pais não são dignos de confiança. Por vezes esse processo de reter confiança recebe o nome de "pais helicópteros", em que os pais pairam sobre cada movimento. Mesmo quando os filhos saem para a faculdade, os pais continuam a segui-los, ligando para os professores com perguntas relacionadas ao progresso dos filhos.

O que dá lugar ao sentimento de aceitação?

Visto que o sentimento de aceitação é tão essencial para a autoconfiança e realização, quais são algumas coisas que todo pai pode fazer para mostrar ao filho que ele é aceito?

1. *Reconheça o filho como único.* Quando numa casa em que há dois meninos a mãe conversa com o pai sobre os acontecimentos do dia, dizendo: "Um dos meninos fez isto", ou "Um dos meninos disse aquilo", ela os está tratando com uma igualdade que lhes rouba a individualidade.

Não existem duas crianças iguais. Clyde Beatty reconheceu as diferenças entre os animais ao treinar leões. "Não existem dois leões iguais", afirmou ele. "Quênia é rabugenta e Brutus alegre. Nero é mesquinho e Napoleão caprichoso. Se tratá-los todos do mesmo modo, vai arranjar encrenca."

Toda criança é também diferente. Tratar todas do mesmo modo é um convite para problemas. Algumas vezes os pais dizem: "Não sei o que houve de errado com o nosso caçula. Nós tratamos todos os filhos do mesmo modo". Essa tentativa de tratá-los igualmente pode ter sido a causa da dificuldade. Reconhecer as diferentes habilidades, evitar a comparação entre os filhos e tratar cada filho como único transmite aceitação.

Quando uma criança recebe um presente, os pais não devem encorajar a ideia de que os outros filhos precisam também ser presenteados. É claro que eles devem tomar providências para que nenhum seja favorecido. Mas desenvolver na família o sentimento de que um irmão ou irmã não pode receber um presente sem que o outro também receba promove o egoísmo.

Cada criança deve ser ensinada a participar da alegria dos presentes da outra. Os pais devem pensar em cada criança como única. Quando veem uma coisa que sabem que será apreciada especialmente por um dos filhos, devem sentir-se livres para dá-la, sabendo que, ao ver algo adequado para outro filho, farão o mesmo.

Cada criança deve saber que seus pais gostam dela exatamente como é. Ela deve sentir que eles gostam da cor de seus olhos, de seu cabelo, de seu corpo forte ou esbelto, de seus modos ativos ou sossegados. O importante é que a criança sinta aceitação e amor profundo da parte dos pais.

2. *Ajude a criança a descobrir satisfação em suas realizações.* Um pai contou como foi criticado por permitir que o filho pequeno usasse o cortador de grama. O filhinho tinha de ficar na ponta dos pés para alcançar o cabo, mas o pai ia andando a seu lado, encorajando-o.

Para esse menino, fazer funcionar o cortador de grama era algo importante e ele sentia verdadeira satisfação em fazê-lo. O pai sábio fica ao lado do filho quando ele tenta toda sorte de aventuras. Ao manter-se de lado, em lugar de ser superprotetor, ele não está só aceitando a criança, mas também a preparando para a vida.

3. *Deixe que a criança saiba que você a ama, a deseja e realmente a aprecia.* Uma criança é um dom de Deus, uma herança do Senhor. Uma das coisas mais devastadoras para uma criança é sentir que seu nascimento foi um acidente, o resultado de uma gravidez indesejada, um casamento forçado, ou que ela está impedindo a felicidade dos pais, onerando-os financeiramente ou impossibilitando que frequentem a sociedade.

A criança sente rapidamente a natureza dos sentimentos dos pais a seu respeito. Feliz aquela que é continuamente lembrada pelos pais de que a desejam e apreciam ao máximo. Como a criança sabe disso? Sabe quando eles reservam tempo para estar com ela, para ajudá-la em seus pequenos projetos e quando se aproveitam de toda oportunidade para demonstrar-lhe amor.

4. *Aceite os amigos de seu filho.* Os amigos são terrivelmente importantes para a criança. O lar deve ser um lugar aonde ela possa trazer livremente os amigos e aonde eles gostem de ir.

Muitas crianças têm dificuldade em fazer amigos e estreitar relações por não sentir liberdade para convidar os amigos. Os pais ferem o filho quando criticam abertamente seus amigos. Deixar que o filho saiba que você aprecia seus amigos contribui para o sentimento de aceitação dele.

5. *Mantenha um relacionamento sincero e genuíno com a criança.* Os pais quase sempre parecem exigir perfeição da criança. Isso é prejudicial tanto para os pais como para o filho. Quando somos suficientemente sinceros para confessar nossas falhas e que não somos perfeitos como pais, aliviamos grande parte da tensão e damos esperança a nosso filho. Se os pais admitissem mais facilmente seus erros e até rissem deles, a atmosfera de muitos lares melhoraria bastante.

Um pai contou que o filho voltou para casa com nota baixa em álgebra. "Quando terminei minha conversa com ele, meu filho deve ter pensado que sempre tirei dez em álgebra na escola", disse ele. "Mas, na verdade, quais são os fatos? Depois de ter completado um semestre de álgebra o professor me chamou e disse: 'Você é tão fraco na matéria, que vou passá-lo de ano só para me ver livre de você'. Ao fingir ser tão superior, dei a meu filho um sentimento de desesperança. Se tivesse sido honesto e lhe dito que sabia o que estava passando, porque eu também tivera dificuldades em álgebra, teria dado esperança a meu filho".

Muitos pais colocam essa máscara de perfeição. Eles parecem dizer: "Sou perfeito. Nunca falho como você. Sou o exemplo que deve seguir". Ao agir assim, eles frustram a criança. Essa atitude contribui para o sentimento de não aceitação por parte da criança.

Talvez seu filho tenha medo do escuro e faça estardalhaço ao ir para a cama. Se você disser com sinceridade: "Sei como você se sente. Eu também tinha medo do escuro", isso ajudará seu filho a vencer o medo. Se chamar a criança de covarde e disser-lhe que deve ficar envergonhada porque tem medo, irá mostrar-lhe que realmente não a aceita. É muito melhor aceitar seus sentimentos como normais e encorajá-la a discuti-los com você. Os temores manifestados verbalmente perdem seu terror.

6. *Ouça o que seu filho diz*. Ouvir é realmente uma das melhores maneiras de dizer "Aceito você". A verdadeira comunicação depende da aceitação. Todos nós

expressamos nossas ideias até o ponto em que sentimos que continuaremos a ser aceitos e amados. No momento em que ouvimos alguém espantar-se com o que falamos, imediatamente ficamos silenciosos. Mas quando alguém ouve, profundamente interessado, nossos atos bons e maus, nossas alegrias e tristezas, nossos sucessos e fracassos, sabemos que essa pessoa nos aceita.

Um dos aspectos mais importantes da comunicação é o olhar. É triste quando a criança fala conosco e não olhamos diretamente em seus olhos. Ela se sente mal quando nos vê apenas da cintura para baixo passando de um lado para outro o dia todo. Então, quando falam conosco, geralmente continuamos nossas tarefas ou respondemos "sim" ou "não", mas sem olhar na direção dela. Dessa forma perdemos uma das maiores oportunidades de nos comunicar.

A criança sente-se aceita quando os pais reservam tempo para ouvi-la. O amor, para ela, é geralmente expresso em TEMPO. Quero que leia uma carta que diz isso muito bem.

Queridos pais:

Obrigado por tudo, mas vou para outra cidade tentar começar uma nova vida.

Vocês me perguntaram por que fiz aquelas coisas e por que lhes dei tanto trabalho, e a resposta é fácil, mas não sei se vocês vão entender. Lembram-se quando eu tinha seis ou sete anos e queria que me ouvissem? Lembro-me de todas as coisas caras que me deram no Natal e no meu aniversário e eu ficava mesmo contente com as coisas — por uma semana — mas no resto do tempo durante o ano eu na verdade não queria presentes. Eu desejava o tempo todo que me ouvissem como se eu fosse alguém que também tivesse sentimentos. Mas vocês diziam que estavam ocupados.

Mamãe, você é uma cozinheira maravilhosa e mantém tudo tão limpo, e ficava sempre cansada por fazer todas aquelas coisas que a deixavam sempre ocupada. Mas sabe de uma coisa, mãe? Eu preferia ter comido bolachas e creme de amendoim, se pelo menos ficasse sentada comigo parte do dia e me dissesse: "Conte tudo para mim, quem sabe posso ajudá-lo". Quando minha irmãzinha chegou, eu não podia entender por que todo mundo fez tanto barulho, pois não achava que era minha culpa se ela tinha o cabelo crespo e a pele branca e macia, e não tem de usar óculos de lentes grossas. As notas dela também eram melhores, não eram?

Se lhes perguntarem onde estou, diga que fui procurar alguém com tempo, porque tenho uma porção de coisas sobre as quais quero conversar.

Amor para todos,
Seu filho

7. *Trate seu filho como uma pessoa de valor*. Um casal foi cumprimentado pelos vizinhos por tratarem seus filhos como se fossem "visitas". Os pais ficaram confusos a princípio, depois perceberam que quando diziam "Por favor", "Obrigado", "Desculpe", e tentavam no geral ser amáveis, as pessoas que não estavam acostumadas com essas coisas julgavam que eles davam aos filhos um tratamento "de visita".

As crianças são visitas no sentido de merecerem ser respeitadas como pessoas. Alguns empurram os filhos para que saiam de sua frente, em lugar de dizerem: "Dá licença", ou "Por favor, saia do caminho". A maneira de ensinar respeito aos filhos é respeitá-los.

John Locke recomendou há alguns anos: "Quanto mais cedo você tratar seu filho como um homem, mais cedo ele se tornará homem". As crianças têm notável capacidade para corresponder a sua reputação. Chame um filho de marginal e ele provavelmente agirá dessa forma. Chame-o de mau e ele irá provar sua afirmação. Diga a seus amigos que ele é um diabinho e eles logo verão que é mesmo.

No entanto, o pai que espera que o filho lhe proporcione felicidade e ajuda, descobrirá uma criança que embora falhe algumas vezes, procurará corresponder às expectativas do pai e da mãe.

8. *Permita que seu filho cresça e se desenvolva a seu modo único e próprio*. Os pais têm a forte tendência de

exercer pressão sobre os filhos — especialmente sobre o mais velho. Eles comparam notas com os vizinhos. Têm orgulho da criança e querem exibir seu desempenho. Querem que o filho seja diferente, se exceda aos demais em comportamento e realizações. Exigem comportamento adulto quase imediatamente.

Os pais têm no geral ideias concretas sobre como o filho irá sair-se em música, esportes, inteligência, beleza e outras coisas. Tudo isso provoca tensão na criança e pode ter um efeito adverso sobre ela. Certa mulher, mãe de cinco filhos, nos contou: "Se pudesse fazer tudo de novo, permitiria que cada criança crescesse numa atmosfera mais relaxada. Tentaria permitir que os interesses e as qualidades singulares de cada um se desenvolvessem mais facilmente".

Uma criança não foi criada para uma multiplicidade de atividades. Muitos filhos enfrentam todo tipo de pressão de desempenho. Se algum de nós se destaca em algo, estamos indo bem. No entanto, espera-se hoje em dia que as crianças alcancem notas perfeitas, se sobressaíam em esporte, música, caratê, dança e inúmeras outras atividades. Os pais estão tão ocupados levando os filhos de uma atividade para a outra que, muitas vezes, recorrem a restaurantes *fast-food*, sacrificando a boa nutrição da comida caseira. O resultado disso tudo é que as crianças, em números cada vez maiores, estão desfalecendo sob esses tipos de pressão. Além disso, pais e filhos estão tensos e exaustos.

Em resumo, só quando a criança se sente aceita pelos pais é que pode sentir-se aceita pelos outros e por Deus. Cada criança é única como o são as suas impressões digitais. O psicólogo Duval sugere como regra básica: "Aceite o filho que você tem e aprenda a apreciá-lo por ser a pessoa especial que é". Há tanto que apreciar em cada criança. A hora de apreciar e aceitar uma criança é durante o dia nas atividades normais dela e não depois de tê-la colocado na cama ou depois que cresceu e foi embora.

Pesquisa sobre a aceitação para os pais

Marque um "x" na lacuna apropriada: verdadeiro (V), falso (F) ou habitualmente (H):

V F H

— — — 1. Aceito meu filho pelo que é e não pelo seu desempenho.
— — — 2. Encorajo meu filho mais do que lhe faço críticas.
— — — 3. Evito a tentação de comparar meu filho com outros.
— — — 4. Sinto que não sou superprotetor.
— — — 5. Tento tratar cada criança como um indivíduo único.
— — — 6. Fito meu filho nos olhos quando falo com ele.

___ ___ ___ 7. Trato meu filho com tanta cortesia como o faria com uma visita ou amigos.
___ ___ ___ 8. Admito meus erros e minhas atitudes incorretas em relação a meu filho.
___ ___ ___ 9. Procuro evitar censuras a meu filho quando ele expressa medo e apreensão.
___ ___ ___ 10. Meu filho tem liberdade para trazer amigos para casa.

Para discussão

1. Dê outros exemplos de como as crianças são pressionadas a realizar os sonhos dos pais.
2. Discuta a dificuldade em aceitar a criança, ao mesmo tempo em que lhe mostra que seu comportamento é inaceitável.
3. Discuta a sugestão de que um pai deve ter liberdade para presentear um filho sem fazer o mesmo com os demais em certas ocasiões.
4. Discuta maneiras concretas de permitir que uma criança saiba que você a ama. Dê exemplos de sua experiência.
5. Como um pai pode receber cordialmente os amigos do filho quando sente que eles não são a melhor companhia para ele?
6. Discuta o problema da tentação dos pais de parecerem "perfeitos" e qual o efeito que isso pode ter sobre a criança.
7. Você acha que pressionou muito seu primeiro filho?

4. As crianças precisam amar e ser amadas

Quando Deus quer que uma grande obra seja feita no mundo ou uma grande injustiça corrigida, faz isso de maneira bastante fora do comum. Ele não envia terremotos nem relâmpagos.

Em lugar disso faz nascer um bebê indefeso, talvez numa casa simples e de mãe obscura. Deus coloca então sua ideia no coração da mãe e ela a coloca na mente da criança.

E então Deus espera.

As grandes forças do mundo são os bebês.

E. T. Sullivan

A natureza bondosamente deforma nossa opinião sobre nossos filhos, especialmente quando pequeninos, quando seria fatal para eles se não os amássemos.

George Santayana

Amo esses pequeninos; e não é de desprezar quando eles, recém-vindos de Deus, também nos amam.

Charles Dickens

ᛞ ᛞ

Os filhos não sabem quanto os pais os amam, e nunca vão saber até que a sepultura se feche sobre esses pais, ou até que tenham os próprios filhos.

P. Cooke

ᛞ ᛞ

Victor Hugo certa vez disse: "A suprema felicidade na vida está na convicção de que somos amados". A criança pequena, a maiorzinha e o adolescente, o adulto solteiro, o que já é pai e os idosos — todos necessitam de afeição e expressões de amor. E o amor não ousa ser tido como certo.

O dr. Rene Spitz, um psicólogo nova-iorquino, passou três meses observando a reação dos bebês num orfanato onde as enfermeiras eram tão ocupadas que cada criança tinha "um décimo de mãe". O dr. Spitz descobriu que aproximadamente 30% delas morriam antes de um ano. "A inanição emocional é tão perigosa quanto à física", diz o dr. Spitz. "Ela é mais lenta, mas tem a mesma eficácia. Se não houver satisfação emocional as crianças morrem".

O impulso íntimo de amar e ser amado é fortíssimo. Durante toda a nossa vida desejamos fazer amigos. Como pais, a maneira com que estendemos amor a nosso filho afeta profundamente sua capacidade de relacionar-se eficazmente com outros. À medida que incluímos nosso filho em nossa vida, mostramos-lhe amor, correspondemos ao seu amor, ele se torna capaz de incluir outros em sua vida, em suas amizades e em seu amor.

O dr. John G. McKensie diz:

> Não pode haver dúvida quanto ao fato de que amar e ser amado produz aquele sentimento de pertencer a alguém, aquele senso de segurança necessário para que se possa confiança. Sem confiança não podemos enfrentar a vida.

Em seu poema "Portas", Hermann Hagedorn expressa o sentimento de uma criança que não foi amada:

> Como uma criancinha que corre alegre para a porta da mãe,
> ansiosa pelo abraço acolhedor,
> encontrando essa porta fechada e, com o rosto conturbado,
> chama e chama soluçando, repetidamente
> chama e bate — assim também, diante

> de uma porta que não se abre, doente e entorpecido
> fico à espera de uma palavra que não vem.
> E percebo, finalmente, que não posso mais entrar.
>
> Silêncio! E por meio do silêncio e da sombra
> por essa porta fechada, o som distante de soluços
> e lágrimas
> ressoa em meu espírito, como nas praias imaginárias,
> o mar espectral; e em meio ao choro, ouça!
> Ao longo dos anos as portas das câmaras se fecham,
> uma a uma, silenciosamente.[1]

As crianças não amadas foram portanto "fechando as portas" durante toda a sua vida.

Quando perguntamos a um pai se ama seu filho, esperamos que ele responda: "Claro que sim". Todavia, a pergunta mais importante, segundo nos dizem, é esta: "Seus filhos sabem que são amados?".

Um estudo sobre adolescentes desajustados em uma grande escola de Oklahoma salienta como é importante fazer que a criança saiba que é amada.

Os orientadores procuraram em primeiro lugar ganhar a amizade e confiança de dez alunos que a escola julgava serem os mais negligenciados e desajustados entre

---

[1] *Poems and Ballads*.

todos. A equipe perguntou depois a cada um deles: "Há quanto tempo seus pais disseram a você pela última vez que o amavam?". Apenas um podia lembrar-se disso e mesmo assim não conseguiu dizer quando.

Em contraste, os conselheiros usaram o mesmo processo com dez alunos que o corpo docente achava serem os mais ajustados na escola e aceitos como líderes destacados. Todos eles responderam sem exceção que haviam recebido verbalmente provas do amor dos pais nas últimas 24 horas. Eles responderam: "Esta manhã", "Noite passada" e "Ontem".

1. *O amor é uma reação aprendida*. Aprendemos a amar. A criança nasce sem saber como amar, mas com grande capacidade para amar. Algumas crianças, a quem é negado amor, literalmente murcham e morrem. Outras crianças se desenvolvem com personalidades conturbadas.

A criança precisa de afeição calorosa e manifesta todos os dias. Ela necessita do aconchego do amor quando está em dificuldade, tanto quanto necessita de alimento e de ar fresco. De fato, necessita mais de amor quando não é digno dele e se encontra num período difícil.

À medida que o bebê recebe amor, ele corresponde a esse amor e aprende a dar amor em troca. Essa resposta cresce cada vez mais. Lamentavelmente, algumas pessoas, principalmente do sexo masculino, são vítimas do "tabu da ternura". Mas ser forte é ser terno. Ser forte é ser compassivo. Ser forte é mostrar amor. Os fracos são cruéis, desinteressados e faltos de amor.

2. *O amor entre os pais afeta a capacidade de amar da criança.* Quando falei sobre os relacionamentos familiares a um grupo grande de pais, um deles se aproximou e disse:

— Se compreendi bem suas palavras esta noite, o senhor afirmou que a melhor coisa que posso fazer por meu filho é amar a mãe dele, não é?

— Isso mesmo — respondi.

Ao saber que os pais se amam a criança sente-se segura, estável e percebe haver na vida um elemento sagrado, cuja perspectiva jamais poderia obter de outro modo. A criança que sabe que seus pais se amam, que ouve suas expressões de amor um pelo outro, não precisa de muita explicação quanto ao caráter do amor de Deus ou a beleza do sexo.

Isso significa que o amor é visível. Significa perseverança em realizar pequenos atos de amor. Significa consideração e bondade especiais, como escrever cartas de amor quando se está longe de casa. Significa sussurrar palavras de amor sobre minha esposa ou marido aos ouvidos de meu filho. Significa elogiar um ao outro na presença da criança.

A criança precisa de amor e quer saber a respeito do amor mais do que qualquer coisa. Se o verdadeiro amor não é demonstrado em casa, a criança extrai ideias falsas sobre ele dos filmes, das novelas e revistas em nossa cultura na qual impera o sexo. A criança precisa ver o amor genuíno modelado pelos pais. Um garoto do colegial escreveu: "A coisa que dá mais felicidade a mim e a minha família é o modo como meus pais se amam".

3. *O amor deve ser verbal*. O amor é um sentimento que abrange todos os aspectos da vida. A fim de torná-lo prático e considerar as suas implicações, vários pontos específicos devem ser mencionados.

Como o amor é comunicado? Dizemos que sentimos amor. Isso é verdade. As pessoas podem comunicar amor de muitas maneiras não verbais. Abraçar a pessoa amanda, sorrir para ela, bater no ombro e olhar bem dentro dos olhos de quem amamos são exemplos disso. É importante que a criança sinta o nosso amor de maneira não verbal.

Em minha família temos um código não verbal simples que usamos para manifestar nosso amor. Quando andamos de mãos dadas, sentados à mesa, ou sempre que parece oportuno, três apertos curtos de mão indicam "eu te amo". Como é fácil, mas ao mesmo tempo tão significativo. Muitas vezes antes de dormir as crianças vêm dar-nos um beijo de boa-noite e apertam três vezes brevemente nossa mão.

A melhor maneira de ensinar amor é ser um modelo de amor. Como disse um velho dramaturgo: "Aquele que não mostra amor também não ama".

O amor, porém, exige expressão verbal. Alguns acham que palavras de amor ditas aos filhos são muito pessoais e não devem ser usadas excessivamente. No geral essas pessoas se contradizem, pois não hesitam em usar palavras de reprovação e censura a toda hora. Para serem consistentes, elas deveriam esperar que os filhos adivinhassem também seus sentimentos de decepção e censura. Palavras de amor são necessárias. Será forte demais dizer que o amor não expresso em palavras não é amor verdadeiro?

Uma das expressões mais comuns em todo lar, especialmente por parte das crianças, é a pergunta: "Sabe de uma coisa?". Uma família que conheço sempre responde imediatamente com a frase: "Sim, eu sei. Amo você". Que coisa bonita! Um menininho dessa família estava muito doente no hospital, não podendo sequer falar. Quando os pais chegaram perto da cama dele, disseram baixinho em seu ouvido: "Sabe de uma coisa?". Embora fraco e sem voz, os olhos dele imediatamente deram a resposta.

4. *Amor pede ação*. Falar palavras de amor, mas não agir com amor, também é inútil. Um garoto nos disse: "Papai fala que me ama, mas nunca tem tempo para mim".

Outro menino estava sempre pedindo ao pai que o ajudasse a montar uma casinha para o seu clube no quintal. O pai prometia, mas todo fim de semana ficava ocupado com uma reunião de negócios, um jogo de golfe, algum trabalho urgente em casa ou um compromisso social.

Certo dia o garotinho foi atropelado por um carro e levado ao hospital em condições críticas. Enquanto o pai se mantinha ao lado da cama em que o filho morria, a última coisa que ele disse com um sorriso foi: "Olhe, pai, acho que nunca vamos montar aquela casa para o clube".

É claro que o menino não queria tanto a casa como queria a companhia do pai.

Um pai contou sobre um elogio recebido do filho que acabara de se formar no ensino médio e ia para a faculdade. O rapazinho convidou o pai para passear de barco com ele. O pai não ficou muito entusiasmado com a ideia de enfrentar a correnteza, carregar a embarcação nos pontos difíceis e passar dias numa barraca. Ele explicou mais tarde:

— Não sou bom nadador. A viagem parecia cansativa demais e disse então a meu filho: "Arranje um amigo para ir com você e pago as despesas para os dois".

Mas o filho replicou:

— Pai, não quero um amigo, quero a sua companhia.

— E isso foi um elogio.

5. *O amor envolve confiança*. Um homem contou sobre sua infância passada em uma região bem afastada, junto às montanhas. A vida era difícil. Ninguém tinha muita coisa. Mas, incentivado pelos pais, ele conseguiu uma bolsa de estudos para a faculdade. No dia de sua partida, o pai resumiu suas expectativas e ansiedade nas palavras: "Filho, não conheço bem o mundo em que você vai entrar, mas confio em você". E ele jamais se esqueceu dessas palavras.

No livro *Homes Build Persons* [O lar faz a pessoa], os autores, Myers e Myers, escreveram: "Quando os pais amam sabiamente os filhos, eles os ajudam a sentir que são indivíduos por direito nato". Fazer isso envolve confiança. Pais suspeitosos criam filhos furtivos.

6. *O amor exige disposição para ouvir*. A maioria dos pais acha difícil ouvir. Eles ficam ocupados com a lida diária e no geral estão cansados. A conversa da criança parece sem importância. Todavia, aprendemos muito mais ouvindo do que falando — especialmente de uma criança.

Ouvir cuidadosamente as pequenas mágoas e queixas, bem como as alegrias de uma criança, comunica verdadeiro amor. Dar à criança completa atenção e olhar em seus olhos enquanto fala transmite amor. Você já viu um pequenino tomar o rosto de um dos pais nas mãos e voltá-lo para si? Entretanto, como é frequente que os pais olhem para todo lado quando a criança fala. Quantas vezes a criança quer contar alguma coisa e o pai continua lendo o jornal ou a castiga por interrompê-lo.

Há certamente uma ligação entre o fato de os pais darem atenção à criança quando ela é pequena e sua aproximação deles com seus problemas quando chega à adolescência. O pai que reserva tempo para compreender o que o filho diz na infância poderá compreendê-lo mais tarde na vida. Os pais que ouvem o filho quando criança terão um filho que lhes dará ouvidos ao crescer.

7. *Amar significa compartilhar experiências.* A participação nas experiências de trabalho e diversão mostra à criança que seus pais a amam e a aceitam. Num artigo da revista *Farm and Ranch* [Fazenda e rancho] uma mãe conta como sua filha adolescente tornou-se ressentida e rebelde e se desmanchava em lágrimas à menor censura:

> Em vez de punir Beatriz e constantemente lembrá-la de sua pouca idade, decidi servir-lhe grandes doses de amor e aprovação. Deixei de mandá-la fazer certas coisas e, em lugar disso, pedi-lhe que trabalhasse comigo e participasse das minhas obrigações. Ela antes tinha de

> arrumar a cozinha sozinha e com raiva, agora fazemos o serviço juntas, conversando enquanto trabalhávamos.
>
> Esforcei-me para não me esquecer de abraçá-la afetuosamente de vez em quando e elogiá-la quando merecesse. Meu marido e eu deixamos de lado nossos passatempos à noite para jogar com ela [...]. Aos poucos encontramos de novo nossa filha.

O autor Kenneth E. Eble, em seu livro *A Perfect Education* [A educação perfeita] afirma: "O riso, o amor e o aprendizado se relacionam mais de perto e idealmente nas brincadeiras". Quando os pais mostram aos filhos como fazer as coisas, quando trabalham e jogam juntos, criando um ambiente agradável pela participação em períodos de alegria conjunta, a criança aprende como o amor age.

Um sentimento de união, compreensão e comunicação depende de uma sensação de participar e pertencer. Quando ela não existe, surge um sentimento de solidão e desamor.

Nas palestras sobre famílias, tenho perguntado tanto a pais como a avós no decorrer dos anos: "Do que você se lembra de bom em sua infância?". As respostas invariavelmente revelam que os bons momentos lembrados ainda hoje são aqueles compartilhados em família. No geral, uma experiência pequena e aparentemente insignificante na ocasião é lembrada com prazer por ter sido partilhada em conjunto, como família. E a cada vez que tal experiência é contada, ela é vivida de novo, em conjunto, como no passado.

Assim sendo, a hora das refeições, a hora de dormir, a hora de trabalhar, de brincar, e todas as outras ocasiões de participação familiar devem ser aproveitadas ao máximo, porque todas elas fornecem oportunidades para amar e ser amado.

8. *O amor constrói relacionamentos francos e confortáveis.* A razão mais importante para a criança desejar ser boa é o amor de seus pais por ela. Quando este se perde ela tem pouca motivação para ser boa. Isso salienta a importância de manter os relacionamentos abertos e confortáveis. O amor precisa estar presente todo o tempo, não sendo condicional. O dr. David Goodman recomenda:

> Jamais diga a seu filho: "Vou gostar de você, se...!". Nem diga: "Gosto de você, mas...!". Diga apenas: "Gosto de você" ou "Amo você" e prove isso, confirmando suas palavras com carícias e abraços, cuidado e conforto, alegria e risos e tudo o mais que a criança precisa para sentir-se absolutamente segura de ser amada.

O amor sempre olha para além das travessuras da infância, para a verdadeira pessoa. Ele busca compreender a procura de identidade por parte da criança. O amor ouve mesmo quando magoa. A criança fujona é aquela que se sente inconfortável numa situação em que há falta de amor.

James L. Hymes Jr. sugere que os pais se apaixonem de novo pelo filho todos os dias por ser como é. A criança vive na verdade pelo amor e não por ter abrigo, roupa e alimento.

9. *O amor reconhece que as pessoas são mais importantes que as coisas.* Como observamos antes, parece difícil para muitos pais compreenderem que há mais segurança no amor que nas coisas. As crianças podem receber presentes magníficos e mesmo assim sentir-se odiadas. Por quê? Porque precisam dos pais e não de presentes.

Certa família deixou o filho pequeno com alguns amigos enquanto fazia uma viagem. Na volta trouxeram um presente bonito e caro para ele. O menino rompeu em lágrimas, jogou o brinquedo no chão, pulou em cima dele e o quebrou em pedaços. Os pais o repreenderam severamente.

Não é necessário, porém, levar o garoto a um psicólogo para compreender o que aconteceu. Esses pais costumavam deixar o filho em casa de amigos com bastante frequência, por vários dias. Cada vez lhe traziam presentes na volta. Em lugar de estender os braços para abraçar o filho, eles traziam um presente nas mãos. Ele sentia que estava sendo comprado.

Bem no fundo do coração de cada criança existe o desejo de ser amada. Nenhum presente frio pode substituir isso.

Os pais dizem algumas vezes: "Lutei a vida toda. Vou tornar as coisas mais fáceis para meu filho". Esses pais no geral destroem exatamente o resultado que desejam. Querem que o filho saiba o quanto o amam, mas roubam da criança o tempo que lhe poderiam dar enquanto trabalham duro para comprar aquelas coisas que julgam irão fazê-la feliz. A criança sente que as coisas se tornaram mais importantes que as pessoas. As boas intenções desses pais não podem ser postas em dúvida, mas o resultado final é trágico.

O que é então amar? Amar é ter tempo um para outro. É conversar ao redor da mesa ou da fogueira no acampamento. É uma família caminhar e correr na mata ou no parque. É a felicidade derivada de quando se faz um favor extra um para o outro. Amar é dar as mãos em algum projeto. É fazer uma brincadeira de que todos participem e gostem. Amar é rir de nós mesmos e dar a outrem o sentido de pertencer. É conversar sobre um interesse comum ou orar juntos. Amar é ouvir. É qualquer palavra ou ato que gere o sentimento de que amo e sou amado.

Pesquisa sobre o amor para os pais

Marque um "x" na lacuna apropriada: verdadeiro (V), falso (F) ou habitualmente (H):

V   F   H

___ ___ ___ 1. Disse a meu filho que o amo nas 24 horas que se passaram.

___ ___ ___ 2. Fazemos muitas coisas juntos como família.

___ ___ ___ 3. Meu filho tem liberdade para contar-me suas experiências quando está fora de casa.

___ ___ ___ 4. Regularmente passo tempo orando com meu filho.

___ ___ ___ 5. Temos uma noite em família todas as semanas.

___ ___ ___ 6. Nossos filhos sabem que nos amamos como marido e esposa.

___ ___ ___ 7. O ambiente em nosso lar transpira amor.

Para discussão

1. Discuta a sabedoria de colocar mais ênfase nas pessoas do que nas coisas.
2. Calcule o tempo que vocês passam juntos como família durante a semana.

3. Discuta a declaração: "A melhor coisa que posso fazer por meu filho é amar a mãe dele".
4. O que você faz ou diz em sua casa para expressar amor entre você e seu filho?
5. Discuta a declaração: "Pais suspeitosos criam filhos furtivos".
6. Seu amor é "condicional" a maior parte do tempo?
7. Discuta a declaração: "Lutei a vida toda. Vou tornar as coisas mais fáceis para meu filho".
8. Se tivesse um dia inteiro para passar com a família, o que gostaria de fazer?

5 As crianças precisam de elogios

Quando elogiamos uma criança, nós a encorajamos a aproximar-se de nosso cálculo de seu potencial. Atraímos para nós a parte boa de tudo que apreciamos.

JOHN DRESCHER

ಖ ಆ

Ao elogiar ou amar uma criança, não amamos ou louvamos aquilo que existe, mas aquilo que esperamos que venha a existir.

J. W. GOETHE

ಖ ಆ

O elogio de outros pode servir para nos ensinar aquilo que devemos ser e não aquilo que somos.

AUGUST W. HARE

ಖ ಆ

Palavras elogiosas são na verdade quase tão necessárias para levar uma criança a ter uma vida adequada quanto os atos de bondade e afeição. O elogio sensato é para as crianças o que o sol é para as flores.

CHRISTIAN NESTELL BOVEE

ಬಂ ಀಃ

Posso viver dois meses alimentado por um bom elogio.

MARK TWAIN

ಬಂ ಀಃ

Ninguém, grande ou obscuro, deixa de comover-se com a apreciação sincera. Temos uma dupla necessidade: ser elogiados e saber como elogiar.

FULTON OURSLER

ಬಂ ಀಃ

É um grande erro quando os homens deixam de fazer elogios, pois quando cessam de dizer o que é agradável, desistem de pensar coisas agradáveis.

OSCAR WILDE

ಬಂ ಀಃ

BENJAMIN WEST descreveu como se tornou pintor. Certo dia sua mãe o deixou com sua irmã Sally. Ele encontrou alguns vidros de tinta e decidiu pintar o retrato de Sally.

Enquanto fazia isso sujou toda a cozinha. Quando a mãe voltou, não disse nada sobre a cozinha. Apanhando o papel em que ele trabalhava, ela exclamou: "Veja! É Sally!". E recompensou o esforço dele com um beijo. West contou que o beijo da mãe naquele dia fez dele um pintor.

William James escreveu: "O princípio mais profundo na natureza humana é o desejo de ser apreciado". Todos nós, na felicidade de sentir que agradamos alguém, queremos fazer ainda mais para agradar. Quando nos dizem que fizemos alguma coisa bem, queremos fazer ainda melhor. O dr. George W. Crane, autor e psicólogo, disse: "A arte de fazer elogios é o primeiro passo na arte de agradar".

Deixar de elogiar os filhos é um erro comum dos pais. Muitas crianças raramente ouvem um cumprimento, sendo, todavia, repreendidas quando falham. É fácil repreender, condenar e culpar as crianças, focalizando seus defeitos e comportamento desagradável e aquilo que deixaram de fazer. Pense no comportamento melhorado e na alegria esfuziante que provavelmente resultariam se nossas palavras de encorajamento para nossos filhos se igualassem ou excedessem as críticas.

Numa pesquisa feita pelo Instituto Americano de Relações Familiares, foi pedido às mães que registrassem o número de vezes que faziam comentários negativos e positivos para os filhos. Descobriram que elas os criticavam dez vezes mais do que os elogiavam. Uma conclusão do estudo foi que quatro declarações positivas são necessárias para apagar os efeitos de uma declaração negativa para a criança.

A criança que não recebe elogios e apreciação normalmente busca aprovação de maneira estranha e até prejudicial. Um grama de louvor pode fazer mais do que uma tonelada de críticas. Quando procuramos algo para elogiar sempre encontramos alguma coisa em cada criança.

Nas palavras de Martinho Lutero: "Poupe a vara e estrague a criança — isso é verdade. Mas, além da vara, mantenha uma maçã à mão e dê a seu filho quando se comportar bem".

Uma menininha chegava todos os dias suja na escola. A professora achou que era sempre a mesma sujeira. Por ser bondosa e compreensiva ela não queria magoar os sentimentos da menina nem embaraçá-la. Ela sabia que a menina não estava tendo a atenção necessária em casa. Talvez os pais não se incomodassem, mas a professora sim.

— Você tem mãos bonitas — disse a professora um dia. — Por que não vai ao banheiro e as lava, para que todos possam ver como são bonitas?

Encantada, a menina lavou as mãos e voltou radiante. Ela mostrou as mãos para a professora, toda orgulhosa.

— São mesmo lindas! Veja que diferença um pouco de água e sabão fazem — disse ela à menina enquanto a abraçava calorosamente.

Depois disso a garota chegava à escola um pouco mais limpa a cada dia, tendo eventualmente chegado a ser uma das alunas mais bem-arrumadas da classe.

Por que a menina mudou tanto? Porque alguém a elogiou. Ao ver seus pontos positivos apreciados, ela melhorou.

As pessoas raramente mudam quando apontamos suas falhas. Elas também não vão amar-nos por isso, mas provavelmente irão ressentir-se de nós. Se quisermos ajudar outros a se tornarem pessoas belas, devemos trabalhar nesse sentido por meio de elogios e encorajamentos sinceros. O elogio feito com sinceridade é o calor e a ternura que precisamos para mudar para melhor.

Se fizermos um retrospecto, as palavras bondosas de encorajamento de um pai, professor ou amigo foram provavelmente aquelas que nos deram autoconfiança e uma boa imagem de nós mesmos. As críticas que recebemos são a causa de nossos problemas de identidade.

Em seu excelente livro, *Adventures in Parenthood* [Aventuras na paternidade], W. Taliaferro Thompson conta sua experiência:

> Tínhamos uma regra em nossa casa obrigando cada criança a arrumar sua cama e seu quarto nas manhãs de sábado antes de poder sair para brincar. A porta do quarto de nosso filho de onze anos ficava na frente

da escada. Ela no geral estava aberta e eu olhava para dentro quando passava. Se tivesse deixado de colocar as coisas em ordem, eu entrava e o repreendia.

Certa manhã já me achava no meio da escada quando me lembrei de que o quarto dele estava na mais perfeita ordem. Eu tinha visto isso com o canto do olho e tomado nota. Se estivesse desarranjado eu teria certamente entrado e repreendido meu filho.

Um tanto embaraçado, dei meia-volta, entrei e examinei cuidadosamente a cama. Estava impecável. Eu podia cumprimentá-lo sinceramente por isso.

— Olhe — disse eu — esta ordem teria agradado o inspetor mais exigente no acampamento. Você teria passado na inspeção de qualquer general.

Vocês já viram um cão quase adulto começar a sacudir o corpo inteiro quando você o agrada ou lhe fala em tom amigável? Meu filho foi afetado justamente desse modo. Sua resposta foi imediata e surpreendente:

— Papai — disse ele — acho que vou buscar sua correspondência.

Depois acrescentou:

— Quando voltar, vou cortar o cabelo.

Nós havíamos falado sobre o cabelo dele durante a semana inteira, sem conseguir nada.

— Quando voltar acho que vou lavar o carro.

> Eu lhe fizera um elogio merecido; para ele então, Deus estava no céu e tudo ia bem com o mundo. E eu quase descera a escada sem dizer nada sobre um empreendimento que exigira tempo e esforço e certa habilidade![1]

Elogiar não estraga a criança. A criança que não recebe um elogio ao fazer uma coisa digna de aplauso é aquela que irá buscá-lo de maneiras bizarras. Assim, quando a gangue de rua a elogia por mentir ou roubar, ela procurará naturalmente tornar-se perita nisso.

Diretrizes para o elogio

1. *Elogie o desempenho da criança e não a sua personalidade*. Devemos cumprimentar a criança pelo que fez e não pelo seu caráter. Depois de uma palavra bondosa elogiando o caráter da criança, tal como: "Você foi um menino realmente bom", ela muitas vezes responde com um comportamento negativo. Por quê? Ela pode temer não conseguir corresponder à bondade esperada dela. A criança sente que deve de alguma forma negar o que acha não ser verdade.

Uma família fez comentários sobre uma viagem. Durante metade do trajeto o filhinho deles, sentado no

[1] P. 47-48.

banco de trás, comportou-se tão bem que a mãe por fim voltou-se para ele e disse: "Beto, você esteve realmente ótimo nesta manhã". Depois desse elogio tudo aconteceu. Ele pegou o livro das mãos de sua irmã. Fez barulho e atirou coisas por toda parte. A razão? Enquanto se achava quieto ele estava sentindo raiva de todos no carro. Zangado porque tivera de viajar justamente quando fizera tantos planos gostosos com os amigos. Ao ouvir a mãe dizer que era "bom", sentiu necessidade de negar as palavras dela, pois sabia que não era assim.

Em vez de fazer comentários sobre o caráter, o elogio deve reconhecer tarefas bem feitas, delicadeza com outros, confiabilidade e honestidade. Os pais devem elogiar o filho por esforçar-se para fazer bem as coisas, mesmo que não tenha completo sucesso. O elogio deve apontar para o progresso.

2. *Elogie aquilo que é responsabilidade da criança e não o que não depende dela.* Por exemplo, não depende da criança ter cabelo bonito ou olhos azuis. Elogiá-la por essas coisas pode torná-la orgulhosa e presunçosa. Mas elogiar seu filho por atos de bondade e generosidade não o estraga nem o torna orgulhoso. Ele precisa dessa aprovação para que possa sentir-se valorizado. Ele responderá à apreciação genuína com bom comportamento. A criança que tem a aprovação de outros pode ser humilde. Aquela

que é orgulhosa ou gosta de gabar-se não está segura de seu valor.

3. *Reconheça que o elogio é especialmente necessário por parte das pessoas que são importantes para a criança.* Os pais são as pessoas mais importantes no mundo infantil. O mundo da criança é pequeno. Os pais são o centro desse mundo. Quando os pais elogiam o filho, ele se sente amado e seguro. Como observou um filho: "Não me importava o que qualquer outra pessoa dissesse. Ajudava um pouco, mas quando meu pai disse: 'Você fez um bom trabalho', meu mundo mudou".

Elogiar um adolescente significa ajudá-lo a vencer a timidez e desenvolver independência. O elogio promove a generosidade, a iniciativa e a cooperação.

A falta de reconhecimento faz que a criança se sinta desnecessária, indesejada e se julgue um aborrecimento. Isso não se aplica apenas à relação entre pais e filhos, mas também aos relacionamentos na escola, no trabalho ou nas diversões. Uma escola verificou que a porcentagem de alunos ausentes tinha aumentado muito. Alguma coisa precisava ser feita. Alguém perspicaz sugeriu que os professores se comunicassem mais com os alunos. Ele propôs que conversassem com os alunos nos corredores, chamando-os pelo nome se possível. Dentro de pouco tempo a situação mudou e as faltas diminuíram sensivelmente.

4. *Elogie com sinceridade.* A criança sabe quando você é sincero. Ela não pode ser enganada. O elogio não ousa ser falso. A adulação não consegue manter-se. A sinceridade ensina a criança como aceitar cumprimentos com facilidade e receber honras com humildade.

5. *Elogie a criança pelo que ela fizer por iniciativa própria.* Fazer algo digno de aplauso sem ninguém mandar merece um encorajamento especial. Tal elogio leva a uma autoconfiança ainda maior.

Isso significa que os pais devem estar prontos a elogiar também um perdedor. As atitudes, assim como os sucessos, são dignas de elogio. Cumprimentar uma criança que tentou, mas perdeu, dá a ela coragem para continuar arriscando e motivação para os tempos difíceis que toda pessoa tem de enfrentar.

Alta Mae Erb, no livro *Christian Nurture of Children* [Educação cristã das crianças], escreveu:

> A criança pode perder a autoconfiança se lhe derem uma tarefa difícil demais para a sua capacidade e depois tentar mantê-la num alto nível de realização. Os comentários sobre o primeiro bolo são mais importantes do que o gosto do bolo.

6. *Tenha em mente que quanto mais cedo for feito o elogio, melhor.* Se um dos pais estiver por perto quando

a criança tem êxito, isso é bom. Se ele estiver presente quando a criança tentou e não conseguiu, dando-lhe encorajamento, isso é ainda melhor.

7. *Lembre-se de que a atitude dos pais é tão importante quanto suas palavras de incentivo*. A maneira como um pai para o que está fazendo para ouvir seu filho, a maneira como participa do sucesso ou fracasso dele, o tom de voz que fala com ele — tudo isso cria uma atmosfera que anima ou desanima a criança.

Quando a criança é apreciada, ela aprende a apreciar. O adulto pode viver sem apreciação diária, mas não a criança. Ela precisa disso para desenvolver-se, pois irá murchar sem apreciação. Feliz a criança que recebe louvor sincero e genuíno.

Will Sessions, discutindo o tema "Se eu tivesse um adolescente", diz:

> Eu distribuiria elogios. Se o jovem tocasse corneta, eu tentaria encontrar pelo menos uma nota que soasse agradável ao meu ouvido e diria uma palavra sincera sobre isso. Se o tema da composição me agradasse, falaria sobre ele e esperaria que obtivesse uma boa nota quando fosse entregue. Se a sua escolha de camisa ou gravata, de meias ou sapatos, ou qualquer outra coisa, fosse do meu gosto, seria verbalizado.

Não há provavelmente outra coisa que encoraje tanto a criança a amar a vida, a querer ser bem-sucedida e obter confiança do que o elogio adequado, sincero — não a adulação, mas cumprimentos genuínos quando se sai bem.

Pesquisa sobre os elogios para os pais

Marque um "x" na lacuna apropriada: verdadeiro (V), falso (F) ou habitualmente (H):

V F H

— — — 1. Elogio e cumprimento meu filho gratuitamente.

— — — 2. Quando meu filho fala comigo, dou-lhe tanta atenção como a um adulto.

— — — 3. Acredito que meu filho sente-se apreciado por mim.

— — — 4. Meu filho expressa apreciação pelo que fiz ou disse.

— — — 5. Elogio meu filho pelo seu desempenho e não pela sua personalidade.

— — — 6. Elogio meu filho quando ele perde assim como quando ele ganha.

— — — 7. Sinto que o ambiente em nossa casa é animador.

Para discussão

1. Registre durante um ou dois dias as ocasiões em que expressa apreciação e aquelas em que faz comentários negativos ou críticos sobre seu filho.
2. Lembre-se de exemplos em que seu filho respondeu ao elogio. Como agiu? O que fez?
3. Consegue lembrar-se de alguma mudança sofrida por seu filho devido a críticas?
4. Discuta a diferença entre crítica destrutiva e construtiva.
5. Descreva ocasiões em que uma palavra de elogio ou encorajamento ajudou você a ganhar confiança e satisfação. Quem foram esses amigos?
6. Discuta o que acontece a uma criança quando os pais se perturbam quando ela perde num esporte ou outro tipo de empreendimento.
7. Que diretrizes adicionais você gostaria de sugerir em relação ao elogio?
8. Discuta a declaração: "A criança geralmente vive de acordo com a sua reputação".
9. Qual a principal alegria que você tem por ser pai?
10. Você acha possível elogiar demais uma criança?

6. As crianças precisam de disciplina

Meu filho, obedeça aos mandamentos de seu pai e não abandone o ensino de sua mãe. [...] Pois o mandamento é lâmpada, a instrução é luz, e as advertências da disciplina são o caminho que conduz à vida.

Provérbios 6.20,23

☙ ❧

Filhos, obedeçam aos seus pais no Senhor, pois isso é justo. "Honra teu pai e tua mãe" – este é o primeiro mandamento com promessa – "para que tudo corra bem e tenhas longa vida sobre a terra". Pais, não irritem seus filhos; antes criem-nos segundo a instrução e o conselho do Senhor.

Efésios 6.1-4

☙ ❧

Pais, não irritem seus filhos, para que eles não desanimem.
Colossenses 3.21

O começo é a parte mais importante de qualquer trabalho, especialmente no caso de uma criatura jovem e tenra; é justamente nessa época que se forma o caráter e a impressão desejada é mais prontamente aceita. Iremos despreocupadamente permitir que nossos filhos ouçam quaisquer conversas, recebendo em suas mentes justamente o oposto daquilo que desejamos que recebam?
Platão

Você pode fazer o que quiser com as crianças, basta que brinque com elas.
Eduard Bismark

Cuidado para não fatigá-las com uma exatidão irrefletida. Se a virtude se oferecer a uma criança sob um aspecto melancólico e constrangido, enquanto a liberdade e a permissividade se apresentarem sob uma forma agradável, tudo está perdido, e seu trabalho é vão.
François de S. Fénelon

UM GAROTO de doze anos preencheu um questionário escolar. No espaço em branco para o nome do pai ou responsável, ele escreveu o nome do pai. Na linha seguinte em que devia declarar o "relacionamento" (parentesco), o filho escreveu "muito bom".

Se as relações devem ser boas entre pais e filhos, uma das principais funções do pai é estabelecer limites de comportamento. A disciplina eficaz exige sabedoria, paciência e persistência.

Dizer que a única coisa necessária para ser um bom pai é mostrar amor, seria o mesmo que dizer que o amor é tudo no casamento para que ele tenha êxito. Quase todos os divorciados admitirão que amavam seus companheiros no princípio.

Bruno Bettelheim em seu livro *Só amor não basta* diz que sentimentos de cordialidade, afeição e amor devem ser temperados com conhecimento, compreensão e autocontrole por parte dos pais. Todos conhecemos pais cuja filosofia é nunca dizer "não" à criança. Tais pessoas criam filhos que não se interessam por nada nem por ninguém. O editor da revista norte-americana *Look*, Leonard Gross, escreveu certa vez: "A criança que tem liberdade ilimitada se assusta: ela suspeita que não é amada".

Uma professora comprou um aquário grande e encheu-o de água. Quando esta chegou à temperatura ambiente, ela colocou alguns peixes no aquário. Mas os peixes tiveram uma atitude estranha, agrupando-se no centro do aquário sem quase se movimentar. Alguns dias mais tarde ela comprou algumas pedras coloridas e depois de colocá-las no aquário, os peixes começaram a mover-se livremente. As pedras no fundo revelaram os limites da água, que os peixes até então desconheciam.

A criança que não sabe quais são os seus limites de comportamento sente-se igualmente insegura e não amada. Ela encontra liberdade quando conhece com certeza esses limites. O dr. Peter G. Crowford, psicólogo infantil em Augusta, na Geórgia, afirma que os problemas emocionais entre os jovens não são causados pela disciplina firme, mas pela ausência dela. A juventude precisa de limites.

A criança não se mostrará sempre bem-disposta em relação aos pais, por mais que eles tentem. O pai ou mãe que exige constante aprovação e afeto do filho logo se verá em dificuldades. Os pais responsáveis precisam tomar algumas decisões que não os agradam. Se cederem quando sabem o que o amor verdadeiro deseja para o bem do filho, perderão no decorrer do tempo tanto o respeito do filho como o próprio filho.

Wallace Denton, em seu livro prático *Family Problems and What To Do About Them* [Problemas familiares e o que fazer a respeito], salienta que os pais competentes geralmente possuem certas qualidades básicas.

> Entre elas encontram-se as seguintes: (a) Capacidade de aceitar a criança afetuosamente. Sem isso ela fica frustrada, não sendo capaz de amar de maneira sadia e valorizar-se. (b) Comportamento consistente como pais. Isto é, a maneira como os pais se relacionam com o filho é constante, dia a dia. Alguns pais parecem amar o filho num momento e odiá-lo no seguinte. A criança que vive numa casa sempre hostil, por estranho que pareça, tem provavelmente maiores possibilidades de vir a ser um adulto mais bem ajustado do que aquela em que os pais vacilam entre o amor e a rejeição. (c) Definição de limites claros de comportamento. Os limites podem variar de família para família. É importante que sejam bem compreendidos pela criança e consistentemente reforçados pelos pais. Sem esses limites, a criança sente-se confusa e ansiosa. Se não aprender a viver dentro de limites em casa, ela terá dificuldade em respeitar limites da realidade quando for para o mundo exterior.

1. *Definição de disciplina*. A disciplina é no geral definida como castigo que produz obediência. Esse conceito é muito limitado. A palavra "disciplina" deriva de "discípulo". Tanto "disciplina" como "discípulo" têm origem no termo latino "pupilo", significando instruir,

educar e treinar. A disciplina envolve a modelagem total do caráter da criança, encorajando o bom comportamento e corrigindo aquele que é inaceitável. O castigo é a parte da disciplina que fornece uma restrição curta e temporária.

O castigo do mau comportamento não produz automaticamente o bom comportamento. A disciplina inclui também a responsabilidade dos pais em obter, encorajar e construir o bom comportamento em substituição ao mau. A disciplina inclui tanto o cultivo como a restrição — dois elementos necessários para a vida. Um bom jardineiro cultiva e poda suas plantas a fim de obter bons frutos. As ervas daninhas florescem naturalmente sem cuidado especial. Treinamento é o que devemos fornecer a nossos filhos. Ao encarar a disciplina nesses termos mais amplos, compreendemos que os métodos a serem aplicados podem variar muito mais do que geralmente pensamos. A disciplina inclui tudo que um pai faz ou diz para ajudar seu filho a aprender e desenvolver-se na direção da maturidade.

2. *Propósitos da disciplina*. Os pais devem perguntar continuamente a si mesmos: "Qual o objetivo final que desejo alcançar na educação de meus filhos?".

3. *Métodos de disciplina*. A reação da criança à disciplina dos pais tem muito mais significado do que o

método usado. Apresentamos a seguir alguns princípios orientadores que você pode achar úteis:

- Uma atitude positiva no geral obtém o comportamento desejável mais depressa do que a negativa.
- Faça mais elogios do que censuras.
- Antecipe as áreas de problema e procure eliminá-las antes que surja o conflito.
- Encoraje seu filho em lugar de reclamar dele.
- Procure ser imparcial.
- Ouça as explicações antes de tirar conclusões.
- Seja consistente, mas não inflexível.
- Evite o ridículo, o sarcasmo e a ironia.
- Explique suas decisões sempre que possível, mas exija obediência instantânea quando necessário.
- Estabeleça limites definidos e claros de comportamento, evitando regras detalhadas ou arbitrárias que confundem a criança.
- Não tome decisões absolutas precipitadamente, especialmente quando estiver tenso ou cansado. Diga "talvez" em vez de "não", ou "vou pensar".
- Considere as diferenças individuais de seus filhos e faça seus julgamentos de acordo com elas.
- Se medidas negativas forem necessárias, administre-as com sabedoria.

- Faça diferença entre educação e castigo. Muitas atitudes descuidadas e desajeitadas só podem ser melhoradas por meio de lembretes consistentes durante um longo período de tempo, enquanto a má conduta deliberada deve ser punida imediatamente.
- Castigue na base do motivo e não dos resultados. A mentira deve ser castigada mais severamente do que um copo de leite derramado.
- O castigo deve ser de acordo com a ofensa. A humilhação em público ou castigo em grupo poucas vezes dá resultado.
- Evite medidas disciplinares à mesa. Uma atmosfera harmoniosa durante as refeições deve ser encorajada.
- O castigo severo só deve ser aplicado quando você estiver calmo e controlado. As decisões impulsivas são geralmente lamentadas.
- Não ameace a criança. Aplique-lhe a punição ou abra mão dela.
- Não castigue a criança obrigando-a a fazer atividades de que deveria gostar. Por exemplo, alguns pais têm forçado às vezes os filhos a lerem poesia ou a Bíblia como castigo.
- Mantenha um mínimo de regras, mas exija o cumprimento das que forem estabelecidas.

Os métodos de disciplina podem ser resumidos em três categorias: 1) regulamento, 2) imitação e 3) inspiração.

Os *regulamentos* são especialmente importantes nos primeiros anos. As exigências ou obrigações devem ser claras e compreensíveis. A criança respeita os pais que estabelecem regras. A criança respeita mais o castigo aplicado pelos pais do que repreensões ou ameaças que não entende muito bem. Um menino de oito anos disse: "Tivemos uma substituta na escola hoje. Ela deixou a gente fazer tudo que quisesse e não gostamos dela". As crianças ficam confusas e infelizes quando lhes é permitido fazer o que sabem ser errado.

A disciplina pode algumas vezes machucar a criança física e emocionalmente, mas o pai estará fazendo uma injustiça ao filho se não discipliná-lo porque poderá magoá-lo temporariamente. Se a criança quebrar o braço, o tratamento da fratura pode doer e ela talvez peça ao pai que impeça o médico de machucá-la. Mas será que o pai vai considerar a ideia de evitar a dor do momento, arriscando que o filho fique aleijado? Claro que não. Da mesma forma, por que arriscar que seu filho se torne um aleijado moral, recusando-se a aplicar o ensinamento positivo que produz o caráter reto?

Regular é estabelecer as regras a serem seguidas, inclusive a aplicação de castigo físico ou privação de privilégios.

Embora as regras sejam essenciais, evite o chamado "amor sufocante". Manter um jovem dependente dos regulamentos dos pais quando já deveria estar tomando as próprias decisões é insensato. Isso pode ter sobre ele o mesmo efeito de *ajudar* uma futura borboleta a abrir o seu casulo.

Um segundo método de disciplina é a *imitação*. Walt Whitman escreveu: "Era uma vez uma criança que saía todos os dias, e o primeiro objeto para o qual olhava, ela se tornava esse objeto". A criança é toda ouvidos, olhos e poros abertos. Ela é uma superfície de absorção. A criança pequena reage aos que a rodeiam e imita essas pessoas. Ela busca ser como aqueles a quem ama e admira. O tipo de pessoa em que vier a tornar-se depende dos adultos a quem amou e admirou. Os pais jamais devem fazer algo que não desejem que seu filho imite.

O sentimento de certo ou errado da criança depende dos laços emocionais existentes entre ela e seus pais. Estudos científicos detalhados indicam que os não delinquentes têm relacionamentos satisfatórios com os pais na infância enquanto os delinquentes não os têm. Se os pais desejam criar filhos disciplinados, é imperativo que eles estabeleçam o exemplo em primeiro lugar. Andar um metro no caminho certo vale mais do que um quilômetro de conversa. Aquilo que o pai é, mais do que aquilo que ele diz, estabelece o modelo para a criança.

O que os pais fazem na própria vida é muito mais importante do que aquilo que dizem ou as limitações que estabelecem, pois os filhos imitam os pais nos seus defeitos e qualidades.

Uma ilustração apresentou um pai perplexo com os cotovelos sobre a mesa do jantar. Ele olhava para a mulher na outra ponta, reclamando: "Por que eles não entendem que é errado para todo mundo menos eu sentar deste modo?!". Alguém disse: "As crianças já nascem imitando. Elas se comportam como os pais, apesar de todos os esforços para ensinar-lhes boas maneiras".

Um terceiro método de disciplina é pela *inspiração*. Esse é o grande segredo da disciplina. Se os pais são razoavelmente felizes juntos e um satisfaz o outro, é surpreendente como esse transbordar de contentamento leva ao bom comportamento nos filhos.

A disciplina e o controle não funcionam a não ser que exista uma estrutura de bons sentimentos, afeição e alegria. Os métodos de controle aplicados jamais são tão importantes quanto à consistência dos pais e um espírito constante de querer ajudar a criança. O filho deve sentir a boa vontade e a afeição dos pais. As crianças gostam de faces sorridentes e respondem a elas. O jovenzinho precisa saber que pode contar sempre com os pais.

O clima do lar em todos os seus envolvimentos tem muito a ver com a disciplina adequada. Certa mãe fez um acordo com os filhos: "Não quero ficar sempre repreendendo vocês", disse ela. "Nesta semana vamos fazer o seguinte: vou guardar uma porção de moedas, e cada vez que me ouvirem repreendo vocês, peçam uma moeda, mas cada vez que eu os vir brigando, então vocês é que terão de me dar uma moeda. Vamos dividir o dinheiro. Combinado?".

O acordo foi feito e ajudou a mãe e as crianças a construírem um clima melhor no lar.

Os filhos merecem de seus pais a admissão dos próprios erros e falhas. Crianças bem ajustadas não necessariamente vêm de lares onde os pais cometem poucos erros. É mais provável que venham de famílias onde os pais cometem muitos erros, mas são honestos o suficiente para admiti-los e podem pedir perdão com sinceridade. Admitir uma falha é o primeiro passo para se aperfeiçoar e para ganhar respeito. Um pai que é bom o suficiente para se desculpar vai ter uma criança que também aprende a pedir desculpas.

As crianças não obedecem e honram os pais porque a Bíblia diz que devem fazê-lo nem porque eles fazem tudo certo. Em vez disso, elas reagem ao amor, à compreensão e aos relacionamentos significativos com os pais no trabalho, nas brincadeiras e na vida diária em conjunto.

Pesquisa sobre disciplina para os pais

Marque um "x" na lacuna apropriada: verdadeiro (V), falso (F) ou habitualmente (H):

V F H

— — — 1. Sinto que meu filho me respeita como pessoa.

— — — 2. Modifico minha disciplina de acordo com cada filho e seus níveis de idade.

— — — 3. Evito dizer: "Faça porque mandei".

— — — 4. Não castigo para expressar a minha ira.

— — — 5. Mostro a meu filho que o amo depois de castigá-lo.

— — — 6. Acredito que nossa família entende claramente o comportamento que é permitido ou não.

— — — 7. Nós, como marido e esposa, permanecemos unidos na questão de disciplina dos filhos.

Para discussão

1. Discuta o significado de disciplina.
2. Por que toda criança precisa de disciplina?
3. Você concorda com a declaração: "A criança avança até sentir as barreiras"?
4. Como um pai pode "solicitar" o mau comportamento?

5. Você acha mais fácil comunicar-se com seu filho depois de castigá-lo?
6. O que é melhor: disciplina sem amor ou nenhuma disciplina?
7. Discuta a declaração: "Os pais podem disciplinar uma criança de quatro anos com algumas palmadas, mas um adolescente precisa de conselho".
8. Você é mais severo ou mais permissivo com seus filhos do que seus pais foram com você?

7. As crianças precisam de Deus

Homem algum jamais molhou a argila e depois a deixou, como se os tijolos fossem fabricados pelo acaso.

PLUTARCO

As palavras religiosas só têm valor para a criança uma vez que sua experiência no lar lhes dá significado.

CANON LUMB

Se não for o SENHOR o construtor da casa, será inútil trabalhar na construção.

SALMOS 127.1

Senhor, não peço
Que me dês alguma obra sublime que é tua,
Um chamado nobre ou tarefa prodigiosa.
Dá-me uma criança para apontar o caminho
Pela estrada estranha e doce que leva a ti.
Dá-me uma vozinha suave para orar comigo;
Dois olhos brilhantes para a tua face ver.
A única coroa que desejo, Senhor,
É esta, que eu possa ensinar uma criança.
Não peço que venha um dia a colocar-me
Entre os sábios, os notáveis, ou os grandes.
Só peço que serenamente, de mãos dadas,
Uma criança e eu um dia entremos pelos portões.

AUTOR DESCONHECIDO

Elas são os ídolos dos corações e dos lares;
Anjos de Deus disfarçados;
O sol dormita ainda em suas tranças,
Sua glória ainda brilha em seu olhar;
Esses fugitivos do lar e do céu
Fizeram-me mais homem e mais manso;
E sei muito bem como Jesus pôde comparar
O reino de Deus a uma criança.

CHARLES M. DICKINSON, EM *THE CHILDREN*

Quando a princesa Margarete da Inglaterra tinha cinco anos, os jornais noticiaram que ela saiu, certo dia, bastante desapontada da igreja. A oração do ministro a perturbara muito.

— Por que ele só orou por você, pelo papai e por Elizabete? — perguntou ela à mãe. — Eu sou tão ruim quanto vocês.

É fácil para os adultos negligenciarem as necessidades espirituais e preocupações das crianças. É importante que a criança saiba qual a sua posição diante de Deus, sendo essencial que conceitos corretos de Deus lhe sejam ensinados desde cedo. Por exemplo, pontos de vista prejudiciais que afetam a vida inteira podem ser aprendidos mediante declarações como: "Deus não gosta de você quando não se comporta bem" ou "Se você for sempre bom irá para o céu". A criança nunca pode ter certeza de sua condição espiritual se forem usadas declarações condicionais do tipo "se você...".

Horace Bushnell afirmou: "Lar e religião são palavras congêneres, pois o lar é a base da religião, e esta o elemento sagrado do lar [...]. Uma casa sem teto é tão indiferente quanto uma família sem religião".

A Bíblia e a criança

As Escrituras dão pouco espaço ao assunto das crianças. Em vista da abundância de material sobre os relacionamentos entre pais e filhos hoje, esperaríamos que a Bíblia contivesse muito mais a esse respeito. As Escrituras advertem os pais a ser o tipo certo de pessoas, presumindo que, se isso for verdade, as crianças crescerão amando a Deus e servindo a ele.

Uma das primeiras orientações para os pais aparece em Deuteronômio 6.6-9:

> Que todas estas palavras que hoje lhe ordeno estejam em seu coração. Ensine-as com persistência a seus filhos. Converse sobre elas quando estiver sentado em casa, quando estiver andando pelo caminho, quando se deitar e quando se levantar. Amarre-as como um sinal nos braços e prenda-as na testa. Escreva-as nos batentes das portas de sua casa e em seus portões.

Vários princípios importantes são claramente estabelecidos aqui, os quais reaparecem de um ou outro modo por meio das Escrituras.

1. *A Bíblia ensina que, em primeiro lugar, os próprios pais devem ter comunhão com Deus*. Deus disse a respeito de Abraão: "Pois eu o escolhi, para que ordene a seus filhos [...] que se conservem no caminho do Senhor" (Gn 18.19). Um pai não pode simplesmente dizer a seu filho qual o caminho que ele deve seguir. Caso sua influência deva ter valor, o pai deve ser tudo que espera

que o filho seja. Os pais não devem apenas *conhecer* o caminho e *mostrá-lo*. Eles precisam igualmente *seguir* esse caminho.

Os pais que apenas contam aos filhos os fatos religiosos e depois os enviam à igreja praticamente não podem esperar que seus filhos aceitem esses fatos ou continuem frequentando a igreja. "O pai que dá boas instruções aos filhos, mas ao mesmo tempo lhes dá um mau exemplo, pode ser considerado como alguém que lhes oferece alimento numa das mãos e veneno na outra", disse John Balguy.

As crianças só podem compreender Deus, o amor, a misericórdia, o perdão, a aceitação e a verdade da Palavra de Deus uma vez em que experimentam essas coisas em seus relacionamentos, particularmente no lar.

2. *A Bíblia coloca a responsabilidade pelo treinamento religioso dos filhos diretamente sobre os pais.* Somos grandemente abençoados hoje com escolas cristãs, igrejas e outras organizações e atividades cristãs. No entanto, como escreveu Henry Drummond: "O círculo familiar é o condutor supremo do cristianismo". Isso significa que devemos conduzir as rotinas diárias da família vivendo com um toque do divino. Dizem que quando os filhos ouvem seus pais orar, eles aceitam a realidade de Deus tão cedo quanto aceitam o nascer do sol.

Deus ordenou que o lar fosse a instituição em que as crianças são educadas no caminho que devem seguir. Deus não esperou que a igreja, o pregador, a escola, ou nenhuma outra instituição fizesse isso. Os pais não podem culpar a nenhuma dessas instituições caso os filhos se desviem.

A passagem em Deuteronômio citada anteriormente diz que os pais devem ensinar com diligência a seus filhos. A frase usada é a mesma que a língua hebraica emprega em relação à cirurgia. Os pais devem aplicar a verdade como um cirurgião aplica o bisturi — precisamente quando existe a necessidade na vida da criança.

O desenvolvimento espiritual começa em casa. Por mais que a igreja cuide da criança nesse sentido, se não houver colaboração e encorajamento em casa, todo esforço fica perdido.

Richard Baxter, famoso pregador inglês, aceitou uma paróquia rica e sofisticada. Durante três anos ele pregou fervorosamente sem quaisquer resultados visíveis. "Finalmente um dia", escreveu ele, "lancei-me ao chão de meu escritório e clamei: 'Deus, o Senhor precisa fazer alguma coisa com essas pessoas, senão morrerei'". Ele continuou: "Foi como se Deus falasse comigo e me dissesse: 'Baxter, você está trabalhando no lugar errado.

Você está esperando que o reavivamento venha por meio da igreja. Tente o lar'".

Baxter foi de casa em casa ensinando os pais a se dedicarem a Deus e estabelecendo a adoração doméstica. O fogo começou a queimar até que toda a congregação despertou e as chamas da renovação espiritual se espalharam por toda parte.

Deus coloca sobre os pais a tremenda responsabilidade de ensinar. Isso fica claro em Deuteronômio, conforme mencionado. Note também a seguinte passagem muito clara:

Responsabilidade de ensinar

Povo meu, escute o meu ensino;
incline os ouvidos
    para o que eu tenho a dizer.
Em parábolas abrirei a minha boca,
proferirei enigmas do passado;
o que ouvimos e aprendemos,
o que nossos pais nos contaram.
Não os esconderemos dos nossos filhos;
contaremos à próxima geração
    os louváveis feitos do Senhor,
    o seu poder e as maravilhas que fez.
Ele decretou estatutos para Jacó,

> e em Israel estabeleceu a lei,
> e ordenou aos nossos antepassados
> que a ensinassem aos seus filhos,
> de modo que a geração seguinte a conhecesse,
> e também os filhos que ainda nasceriam,
> e eles, por sua vez,
> contassem aos seus próprios filhos.
> Então eles porão a confiança em Deus;
> não esquecerão os seus feitos
> e obedecerão aos seus mandamentos.
> Eles não serão como os seus antepassados,
> obstinados e rebeldes,
> povo de coração desleal para com Deus,
> gente de espírito infiel.
>
> Salmos 78.1-8

Note como a responsabilidade é especificamente colocada sobre os pais. Os propósitos dessa instrução são da mesma forma claros: 1) para que os filhos também depositem fé em Deus; 2) para que eles não se esqueçam das obras de Deus ou da obediência a seus mandamentos; e 3) a fim de que não se tornem incontroláveis, teimosos ou rebeldes.

Note, igualmente, a influência de pais fiéis de mais de uma geração sobre o jovem pregador Timóteo. O apóstolo Paulo escreveu:

> Recordo-me da sua fé não fingida, que primeiro habitou em sua avó Loide e em sua mãe, Eunice, e estou convencido de que também habita você.
>
> 2Timóteo 1.5

> Quanto a você, porém, permaneça nas coisas que aprendeu e das quais tem convicção, pois sabe de quem o aprendeu. Porque desde criança você conhece as Sagradas Letras, que são capazes de torná-lo sábio para a salvação mediante a fé em Cristo Jesus. Toda a Escritura é inspirada por Deus e útil para o ensino, para a repreensão, para a correção e para a instrução na justiça.
>
> 2Timóteo 3.14-16

3. *A Bíblia ensina claramente que a instrução dos pais deve ser constante e contínua*. A instrução religiosa deve continuar pela palavra e pelo exemplo todo o tempo. Não se trata de uma atividade ocasional, mas ela deve estar presente de manhã, ao meio-dia e à noite.

Muitos jovens reagem negativamente a uma piedade praticada apenas nos domingos de manhã ou no culto doméstico. Eles sentem rapidamente a inconsistência de uma vida assim. Em seu livro *A Small-Town Boy* [Um menino de cidade pequena], Rufus Jones conta sobre o culto da manhã na casa dele:

> Mas havia algo mais na religião de nossa família do que essa devoção matinal em conjunto. A vida em nossa casa era repleta de realidade e prática do amor [...]. Era um lar à antiga, onde a instrução se fazia a todo o momento. Era um centro de vida. Foi ali que minhas âncoras se forjaram.

Deus dá à criança uma sensibilidade especial quanto a sua presença e sua obra na criação. A criança cresce espiritualmente quando seus pais associam Deus com a vida que os rodeia. Deus também encheu a criança de perguntas. Dizem que a criança normal faz quinhentas mil perguntas até seus quinze anos. Temos então meio milhão de oportunidades para ensinar-lhe algo. Muitas delas são perguntas do tipo "por quê" e "como" que nos levam diretamente aos pés de Deus.

Muitos pais acham que liberdade de religião significa libertar-se da religião. Eles passam o tempo acumulando riquezas em lugar de edificar o caráter. Alguns aceitam a mentira de que não devem ensinar religião à criança, para que não adquira preconceitos. Deixe que a criança escolha, dizem eles. Mas tal abordagem já prejudica a criança. A ausência de ensino sobre Deus a expõe a toda sorte de falsos deuses e filosofias.

Em seu belo livro, *Como realmente amar seu filho*, o psiquiatra Ross Campbell menciona este equívoco popular:

> Neste ponto, quero examinar um erro comum e bastante popular. A coisa é mais ou menos assim: "Quero que meu filho aprenda a tomar suas próprias decisões depois que tiver experimentado de tudo. Ele não deve achar que precisa crer no que eu creio. Quero que aprenda sobre as diversas religiões e filosofias. Quando crescer, saberá então decidir sozinho".
>
> Esses pais estão cometendo um ato de negligência ou não conhecem nem um pouco o mundo em que vivemos. A criança educada desse modo é realmente digna de pena. Sem a orientação contínua e o esclarecimento de assuntos éticos, morais e espirituais, seu filho vai se tornar cada vez mais confuso a respeito do mundo em que vive.
>
> Outra razão por que essa abordagem da espiritualidade é bastante negligente reside no fato de um número cada vez maior de grupos, organizações e cultos estarem oferecendo respostas destrutivas, escravizadoras e falsas às questões da vida. Essas pessoas ficam felizes quando encontram alguém criado de uma forma aparentemente livre, pois será uma presa fácil para

qualquer grupo que ofereça respostas concretas, por mais falsas e escravizadoras que sejam.

Não consigo entender como muitos pais gastam tanto dinheiro e fazem toda sorte de manipulação política a fim de conseguir para o filho um bom preparo intelectual. Contudo, no que diz respeito ao preparo mais importante de todos, que o qualificará para as lutas espirituais da vida e o fará descobrir o verdadeiro significado de sua existência, ele é deixado sem qualquer orientação, tornando-se assim uma vítima fácil das falsas religiões.[1]

Então é isso. Uma fé não apoiada pelo lar é apoiada pelos filmes, gangues de rua, ou algum outro grupo. Outra possibilidade é o filho presumir que algo que pode ser decidido sem oposição durante quinze a vinte anos não é digno de ser escolhido.

4. *A Bíblia diz: "Ensina a criança no caminho em que deve andar, e, ainda quando for velho, não se desviará dele"* (Pv 22.6, RA). É verdade que a instrução é dada por meio do ensino ou da transmissão de conhecimento. Mas a maior parte da orientação é comunicada mediante o exemplo. A palavra "ensino" refere-se principalmente ao exemplo. As experiências religiosas mais significativas

---

[1] Capítulo 13.

de uma família consistem em coisas que acontecem entre seus membros no dia a dia.

Num artigo da revista *The Christian Home* [O lar cristão], Donald Stuart Williamson escreveu: "Deus ama e cura as pessoas por intermédio de outras, na intimidade dos relacionamentos pessoais". Essa é a razão por que sentimentos e atitudes emocionais numa família são a essência da experiência religiosa dessa família. O exemplo dos pais sempre seguirá e influenciará a criança.

O livro clássico de Ian Maclaren, *Beside the Bonnie Brier Bush* [Junto à roseira brava], inclui um capítulo comovente intitulado "O sermão da mãe". Ele fala de um jovem ministro escocês, que acabara de se formar e se mudou com quatro carroças de mobília para sua primeira paróquia numa cidadezinha. A tia solteira dele tomava conta da casa. Ele preparou cuidadosamente seu primeiro sermão para a nova congregação. Um verdadeiro exemplo de erudição.

Enquanto conversava com a tia sobre o sermão na noite de sexta-feira, começaram a lembrar-se de alguns acontecimentos cinco anos antes. Recordaram a ocasião em que estiveram ajoelhados ao lado da mãe dele que agonizava e de como ela dera conselhos ao filho e um testemunho de fé e esperança. Ela lhe entregou seu relógio e corrente, dizendo: "Não houve uma hora em que tivesse deixado de orar por você. Se Deus o chamar para o ministério, não recuse e, no primeiro dia em que pregar, apresente Jesus de maneira positiva".

A tia fez que o rapaz se lembrasse das últimas palavras da mãe. Essas palavras transformaram o sermão dele de tal forma que o produto final podia ser chamado de "sermão da mãe".

Certo jovem expressou sua preferência por uma determinada versão da Bíblia. Um amigo replicou: "Prefiro a tradução de minha mãe. Ela traduziu a Bíblia na linguagem da vida diária. Minha mãe é a melhor tradutora".

Gipsy Smith escreveu: "Meu pai está ficando velho. Logo serei avisado de que ele morreu. Olharei seu rosto pela última vez e direi: 'Pai, você tornou as coisas difíceis para mim. Você não permitiu que eu me desviasse do caminho certo!'".

Embora a influência dos pais seja grande, não devemos cair na armadilha de pensar que se eles fizerem tudo certo a criança não terá possibilidade de errar. Muitas vezes os pais perguntam durante as conferências e retiros familiares: "A Bíblia não diz que se ensinarmos à criança o caminho em que deve andar ela não se afastará dele, e mesmo que se afaste por algum tempo, voltará ao caminho certo?".

A resposta é que não ousamos aceitar um determinismo que não leve em conta a escolha da criança. Deus, nosso Pai celestial, faz tudo perfeitamente. Ele não comete erros, mas também não priva suas criaturas do poder da escolha. Mesmo os que experimentam suas maiores bênçãos podem, e algumas vezes o fazem, afastar-se do caminho estabelecido por ele. Todavia, a promessa relativa à influência e exemplo de um lar piedoso é forte.

Formal e informal

Tanto o ensino formal quanto o informal são importantes na instrução de nossos filhos. Adoração em família e na igreja, comunhão com outros cristãos, grupos de jovens e experiências nas quais jovens entram em contato com valores paternos e orientação divina são de grande importância.

Momentos informais de ensino não podem ser subestimados. Grande parte da religião consiste em imitação. Quando pais oram, leem a Bíblia e respondem com amor e compaixão de forma consistente, isso causa uma importante influência nas crianças. Quando pais separam tempo para discutir valores, ler e contar histórias que ensinam valores religiosos, e confirmar que as crianças têm literatura que infunde orientação adequada para cada filho, eles estão ensinando e promovente a fé familiar.

É nos pequenos acontecimentos de cada dia que a verdade espiritual é transmitida.

Dizem que a principal tarefa de desenvolvimento na infância média (entre 6 e 12 anos) é o crescimento da consciência. A consciência é desenvolvida por aquilo que a criança vê, ouve e é ensinada. É a idade da imitação. É por isso que a modelagem é tão importante. É também a razão pela qual o ensinamento claro sobre o que é certo e errado é imperativo.

Mas ensinar é mais que palavras; a infância média refere-se ao período em que sentimentos e emoções são tão significativos que a criança se torna mais consciente da maneira como as coisas são ditas do que propriamente daquilo que é dito. A criança percebe mais os sentimentos que são expressos do que a instrução dada. A criança é mais ciente de quem diz o quê do que das várias informações que são transmitidas. Uma forte consciência se desenvolve quando o ensinamento é feito numa atmosfera quente, amável e relacional. Uma fraca consciência se desenvolve quando relacionamentos são frios, mesmo que coisas corretas sejam claramente ensinadas.

Três parábolas

Para concluir, gostaria de contar três parábolas incluídas por Alta Mae Erb em seu livro *Christian Nurture of Children* [Criação cristã de crianças]:

Tomei uma criança pela mão, a fim de andarmos juntas parte do caminho. Eu deveria levá-la ao Pai. A tarefa me amedrontou, tão terrível me pareceu a responsabilidade. Falei, então, com a criança apenas sobre o Pai. Pintei a severidade do Pai, caso ela o desagradasse. Andamos sob as árvores altas e eu disse que o Pai tinha poder para derrubá-la num minuto com seus poderosos raios. Andamos ao sol e lhe falei sobre a grandeza do Pai que fez o sol ardente, esplendoroso.

Ao cair da tarde um dia, encontramo-nos com o Pai. A criança se escondeu por trás de mim; tinha medo, não queria olhar para aquela face tão cheia de amor. Ela lembrou-se de minha descrição; não quis colocar sua mãozinha na mão do Pai. Fiquei entre a criança e o Pai. Refleti. Eu tinha sido tão conscienciosa, tão séria.

8〇 ○3

Tomei uma criança pela mão. Eu deveria levá-la ao Pai. Senti-me esmagada pela multidão de coisas que deveria ensinar-lhe. Não nos demoramos; corremos todo o caminho. Num minuto comparávamos as folhas das árvores e no seguinte examinávamos o ninho de um pássaro. Enquanto a criança me fazia perguntas a respeito, eu a empurrava para caçar uma borboleta. Se por acaso adormecia eu a despertava, a fim de que não perdesse nada. Eu queria que ela visse tudo. Falamos do Pai muitas vezes e rapidamente. Derramei em seus ouvidos todas as histórias que deveria saber, mas em diversas ocasiões fomos interrompidas pelo soprar do vento, do qual devíamos falar; pelo surgir das estrelas, que tínhamos de estudar; pelo riacho murmurante, que precisávamos acompanhar até sua fonte.

E então, ao cair do dia, encontramos o Pai. A criança o olhou de relance. O Pai estendeu-lhe a mão, mas ela não se interessou o bastante para tomá-la. Pontos febris queimavam em seu rosto, ela caiu exausta no chão e adormeceu. Eu estava de novo entre a criança e o Pai. Refleti. Eu lhe ensinara tantas, tantas coisas.

℘ ℘

Tomei uma criança pela mão para levá-la ao Pai. Meu coração estava cheio de gratidão pelo alegre privilégio. Andamos devagar. Moderei meus passos pelos dela. Falamos das coisas que a criança ia notando.

Algumas vezes era um dos pássaros do Pai: observamos quando construía seu ninho e vimos os ovos que nele depositava. Conversamos depois sobre os cuidados que ele tinha com os filhotes.

Outras vezes apanhávamos as flores do Pai e acariciávamos as pétalas macias, apreciando suas lindas cores. Com frequência contávamos histórias do Pai.

Eu as contava à criança e ela para mim. Nós contávamos uma para a outra essas histórias, repetidamente. De tempo em tempo parávamos, encostando-nos nas árvores do Pai e deixando que o ar feito por ele refrescasse nosso rosto, sem falar.

E então ao fim do dia, encontramos o Pai. Os olhos da criança brilharam. Ela olhou com amor, confiança e alegria para a face do Pai, colocando sua mão na mão dele. Naquele momento fui esquecida. E me alegrei.

PESQUISA SOBRE DEUS PARA OS PAIS

Marque um "x" na lacuna apropriada: verdadeiro (V), falso (F) ou habitualmente (H):

V F H

— — — 1. Separei um horário regular para oração pessoal e leitura bíblica.

— — — 2. Em nossa família, o pai tem a responsabilidade principal pela liderança espiritual.

— — — 3. Lemos a Bíblia e oramos juntos regularmente como família.

— — — 4. Procuro dar exemplo das coisas que ensino a meu filho.

— — — 5. Não "mandamos" nosso filho para a igreja. Frequentamos a igreja regularmente como família.

___ ___ ___ 6. Falar sobre Deus, oração, Bíblia e assuntos religiosos é coisa normal em nossa casa.
___ ___ ___ 7. Nossos filhos sentem que os assuntos religiosos têm a prioridade em nosso lar e em nossas decisões.

Para discussão

1. Como Deuteronômio 6.6-8 pode ser aplicado hoje?
2. Discuta a declaração de Canon Lumb: "As palavras religiosas só têm valor para a criança uma vez que sua experiência no lar lhes dá significado".
3. Vale a pena mandar uma criança à igreja quando os pais não vão?
4. O que a criança conclui quando só a mãe ora em casa ou lê as lições bíblicas dos filhos? O que se conclui sobre a igreja em que apenas a mãe e as crianças compareçam?
5. Discuta a ideia de que o pai deve assumir a responsabilidade principal pelos assuntos espirituais no lar.
6. O que você pensa do determinismo como discutido no final do capítulo?
7. Dê sua opinião sobre a afirmação: "A criança não pode ser uma pessoa total se forem satisfeitas apenas as necessidades físicas, sociais, mentais e emocionais, enquanto as religiosas forem ignoradas ou negligenciadas para que se desenvolvam por si só".

8. Discuta a ideia de que os pais fornecem à criança seu primeiro conceito sobre Deus. O que pode ser feito a favor dos filhos que não percebem sua casa como um lar amoroso, bondoso e atencioso?
9. Medite sobre as três parábolas no final do capítulo e analise por que as duas primeiras professoras falharam e por que a terceira abordagem foi bem-sucedida.

Bibliografia

BETTELHEIM, Bruno. *Só amor não basta*. São Paulo: Martins Fontes, 1976.

CAMPBELL, Ross. *Como realmente amar seu filho*. São Paulo: Mundo Cristão, 2005.

DENTON, Wallace. *Family Problems and What To Do About Them*. London: Westminster Press, 1971.

DICKINSON, Charles M. *The Children and Other Verses*. Whitefish, MT: Kessinger Publishing, 2007.

DOBSON, James. *Esconde-esconde*. São Paulo: Editora Vida, 1987.

EBLE, Kenneth E. *A Perfect Education*. New York: Collier Books, 1968.

ERB, Alta Mae. *Christian Nurture of Children*. Scottdale, PA: Herald Press, 1958.

GLUECK, Eleanor; GLUECK, Sheldon. *The Making of a Delinquent, One Thousand Juvenile Delinquents*. Cambridge: Harvard University Press, 1934.

GORDON, Arthur. *A Touch of Wonder*. New York: Jove, 1986.

HAGEDORN, Hermann. *Poems and Ballads*. New York: The Macmillan Company, 1913.

HEALY, William; BRONNER, A. F. *New Light on Delinquency and Its Treatment*. Westport, CT: Greenwood Press Reprint, 1969.

JONES, Rufus. *A Small-Town Boy*. Whitefish, MT: Kessinger Publishing, 2007.

MACLAREN, Ian. *Beside the Bonnie Brier Bush*. Fairfield, IA: 1st World Library, 2005.

MYERS, G. C.; MYERS, C. C. *Homes Build Persons*. Pittsburgh, PA: Dorrance, 1953.

NARRAMORE, Clyde M. *This Way to Happiness*. Grand Rapids: Zondervan, 1962.

NOLTE, Dorothy Law; HARRIS, Rachel. *Children Learn What They Live*. New York: Workman Publishing Co., 1998.

THOMPSON, W. Taliaferro. *Adventures in Parenthood*. Richmond: John Knox Press, 1959.

Compartilhe suas impressões de leitura escrevendo para:
opiniao-do-leitor@mundocristao.com.br
Acesse nosso *site*: www.mundocristao.com.br

Diagramação: Luciana Di Iorio
Revisão: Sandra Silva
Fonte: Agaramond Pro
Gráfica: Assahi
Papel: Lux Cream 70 g/m² (miolo)
Cartão 250 g/m² (capa)